basic

The crazy world of cocktails

Cocktails sind trendy. Und sie sind basic. Was in Szene-Lokalen schmeckt, kann auch zu Hause gemixt werden. Einfach, schnell, eben basic: Schon mit einer Flasche Wodka wird die erste Cocktailparty ein Erfolg. So cool wie in der Bar. Und superbequem, weil daheim. Da braucht es keine Flaschenbatterie, obwohl die sich irgendwann von selbst einstellt. Wer erstmal auf den Geschmack gekommen ist, hört nur schwer wieder auf. Denn Cocktails sind crazy und lecker. Geboren aus Neugierde und dem Fun am Genuss. Immer das Gleiche trinken, ist langweilig. Creative Mixing ist angesagt. Wenn das so einfach wäre! Keine Sorge, ist es.

Irgendwann kam irgendjemand auf die Idee, mehrere Flüssigkeiten zu mischen, um zu sehen, wie's dann schmeckt. Toller Einfall. Ging am Anfang oft schief. Der eine Drink schmeckte cool, der nächste wie Abwaschwasser. Ein anderer wieder sah poppig aus, ein weiterer wie Spülbrühe. Wer nun leckere Cocktails in schicken Farben produzierte, war schnell in – und schon als Bar-Profi in der Szene etabliert. Haben zwar noch kein Geld mit dem Mixen verdient, damals, aber ihre Einladungen waren begehrt. Und heute? Ist's doch noch genauso. Coole Drinks sind das gelungene Ergebnis von Mix-Experimenten. Und wer gute Cocktails liefert, ist als Gastgeber erste Sahne. Wahrscheinlich, weil dann auch die Sahnecocktails klappen.

Wie's geht? Steht hier im Buch. Ist ganz einfach und echt basic. Versprochen. Falls doch was schief läuft? Dann heben auch misslungene Experimente die gute Laune. Weil alles in diesem Buch lecker ist, selbst wenn der Drink nicht wie vom Profi ausschaut. Und nicht vergessen: Mix it up, Baby! Sei einfach ein bisschen flippig und wagemutig. Welcome to the crazy world of cocktails.

Know How

Cocktail. Okay.
Ist cool und lecker. Aber was isses nun eigentlich wirklich?

»Alle Cocktails sind Mixgetränke, aber nicht alle Mixgetränke sind Cocktails.« Das behauptet eine klassische Barregel. Ach du meine Güte. Mixgetränk? Mixgetränk! Das gab's doch in öden Milchbars aus den Siebzigern? Das wollen wir nicht. Ist völlig uncool. Hat nix mit der »crazy world of cocktails« zu tun. Also anders: Was sind lässige Cocktails ganz genau? Für den Profi in der Bar sind Cocktails Drinks mit bis zu 100 ml Inhalt (das ist ein kleines Weinglas voll). Sie werden aus mindestens zwei verschiedenen alkoholischen Zutaten mit oder ohne Zugabe von Nichtalkoholischem im Shaker geschüttelt, im Mixglas gerührt oder im Servierglas gemischt. Klingt viel zu kompliziert. Und was ist mit meinem Wellness-Drink? Ist mehr als ein kleines Weinglas, ist ohne Alkohol, ist aber auch gemixt.

Also, das Wort »Cocktail« samt Erklärung desselben wurde zum ersten Mal im Jahre 1806 in einem Wörterbuch aus Amerika gesichtet: »Ein Cocktail ist ein Mixgetränk aus einer beliebigen Spirituose, Bitters und Zucker«. Wieder das komische Mixgetränk. Naja, original heißt es »mixed drink«, und wenn man beide Worte mal laut ausspricht, weiß man, warum die Bar-Fachsprache Englisch ist. Shaker hört sich nun mal besser an als Schüttelbecher. Und Banana Smoothie besser als Bananenmilch. Weil Cocktails nicht nur Mixturen aus mehreren Liquids sind, sondern auch: trendy, szenig, lifestylig. Da gehört dann auch der alkoholfreie Smoothie und der Wellness-Drink dazu.

Was sind jetzt aber Cocktails wirklich? Seien wir doch mal ganz basic. Jeder Drink mit mehr als einer Zutat ist ein Cocktail. Und steht deshalb in diesem Buch. Okay?!

A trip through time...

Cocktails sind topaktuell und szenig. Das waren sie von Anfang an. Sie spiegeln immer die aktuellen Trends der Zeit wider, und man kann an ihnen ablesen, was gerade wichtig ist.

Klar, dass es alles gibt: hoch elegante Kreationen im Silberbecher genauso wie volkstümliche Biermixes. Die verwöhnte »Jeunesse dorée« (vornehme, junge Leute während der Französischen Revolution) trank Cocktails genauso wie die intellektuelleren »Bright Young People« vor 85 Jahren. Sie schmeckten Literatur-Nobelpreisträgern wie Ernest Hemingway, William Faulkner und Jean-Paul Sartre, inspirierten Bestseller-Autoren wie Ian Fleming oder Stephen King. Und was wäre die Disco-Ära der 70er ohne Cocktails gewesen, die Yuppie-World der 80er, die New Economy der 90er? Heutzutage sind Drinks cool, authentisch, vor allem aber lecker: fruchtiger und leichter als früher oder wieder geborene Klassiker, die dann auch hochprozentiges Innenleben mit auf die Waage bringen dürfen.

Cocktails haben Fremde zu Freunden gemacht, aber auch für wortreiche Diskussionen gesorgt. Zum Beispiel darüber, wo das Wort Cocktail eigentlich herkommt. Da ist seitens der Tequila-Fans zu hören, es hätte mal eine Aztekendame namens Xochitl gegeben, die so gute Drinks mixte, dass König Montezuma den berauschten Eroberern aus Spanien Zugeständnisse abschwatzen konnte. Die Variante dieser Version spielte vor rund 150 Jahren, auch in Mexiko. General Santa Anna hätte damals mit Hilfe der wunderschönen Coctèl den amerikanischen Präsidenten James K. Polk betrunken und sehr willig und kompromissbereit gemacht. Noch ne Geschichte? Angeblich bekam beim Hahnenkampf in den USA der Besitzer des Siegerhahnes einen mit Hahnenfedern (Cocktail heißt übersetzt Hahnenschwanz) verschönerten Siegestrunk. »Lederstrumpf«-Autor James Fenimore Cooper erzählt die Geschichte einer Barfrau namens Betsy Flanagan, die französischen Freiwilligen im Unabhängigkeitskrieg die Drinks mit bunten Hühnerfedern nett dekoriert haben soll, worauf diese ihr mit dem Ausdruck »Vive le cock-tail!« – »Es lebe der Hahnen-Schwanz!« – zuprosteten. Die glaubwürdigste, wenn auch am wenigsten romantische Erklärung führt das Wort auf die französische Vokabel »coquetel« zurück, die Mixgetränk bedeutet.

Cocktails – der Stoff, aus dem Träume und Romane sind.

Das fanden vor allem Literaten. Entweder ließen sie sich von Cocktails inspirieren oder zumindest ihre Romanfiguren Cocktails trinken. Bekannteste »Barfly« (Barfliege) war Ernest Hemingway – ein Literatur-Nobelpreisträger, der von sich sagen konnte, es gäbe kaum eine gute Bar auf der Welt, in der er noch nicht unter dem Tisch lag. Und so klingt die flüssige Inspiration dann in einem Buch von »Papa« Hemingway:

»Hudson trank noch einen Frozen Daiquiri. Als er sein Glas hob, sah er die klare Flüssigkeit unter dem crushed ice und wurde an das Meer erinnert. Das zerstoßene Eis war wie Schaum hinter einem Boot und die Flüssigkeit sah aus wie die See, wenn das Boot im Flachwasser Sand unter der Oberfläche aufwirbelte. Die Farbe war nahezu dieselbe.«

(aus: Islands in the Stream – Inseln im Strom)

Das wird's wohl gewesen sein. Typisch für die »crazy world of cocktails« ist aber, dass es so viele Stories gibt. Jede einzelne ist bunt und irgendwie abgedreht. So wie die Namen der Drinks. Mal wurden sie einer schönen Frau gewidmet wie der »Margarita«. Mal einer grausamen Königin wie die »Bloody Mary«. Selbstironie sorgt für witzige Namen wie beim »Indulgence«, einem Wort, das Luxus, Vorrecht, Schwelgen, aber auch übermäßigen Alkoholgenuss bedeuten kann. »Playboy«, »Hot Pants«, »Blue Negligé« und »Sexy Lady« erklären sich wohl von selbst – und mit den typischen Gedanken, die gerne über leicht alkoholisierte Männern kommen. »Broken Heart« ist dann die logische Konsequenz. »Hoola Hoola«, »Waikiki Beachcomber«, »Ipanema«, »Mount Cook Sunset«, »Cuban Cocktail«, »Havanna Beach« und »Jamaican Wonder« haben ihren Namen von Sehnsüchten und Reiseträumen. Und manchmal bleibt der Erfinder auch auf dem Teppich und nennt seinen Drink nach der Farbe »Auburn« (was kastanienbraun bedeutet) oder schlicht »Blue Cocktail«.

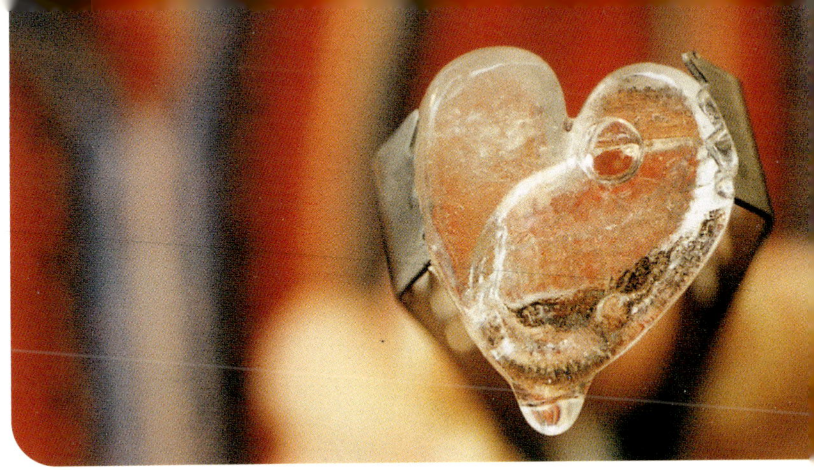

Die Eissorten in der Bar:

- normal große »Standard«-Eiswürfel (siehe auch Seite 17)
- cracked ice (das ist mit dem Holzhammer in mittlere Stücke zerschlagenes Eis)
- crushed ice (das ist im Eiscrusher zermahlenes oder mit dem Holzhammer klein geklopftes Eis)
- Eisschnee (wird vom Eisblock mit dem Messer abgeschabt)

Was genau gebraucht wird, steht bei jedem Rezept dabei.

So mixt man ganz basic:

Schütteln im Shaker

Cocktails, die Sahne, Saft oder trübe Zutaten enthalten, werden im Shaker gründlich geschüttelt. Dazu 3–4 Eiswürfel in den Shaker werfen, die Drinkzutaten dazu und den Shaker gut schließen. Jetzt den Shaker am besten mit beiden Händen fest packen und vor dem Körper senkrecht rauf und runter schütteln. Wenn der Becher außen beschlägt, ist der Drink fertig und muss durch ein Sieb (das vom Shaker oder ein extra Sieb) ins Trinkglas gegossen werden. Dazu sagen Profis abseihen. Das Eis bleibt im Shaker zurück.

Rühren im Rührglas

Cocktails mit klaren Zutaten werden in einem Rührglas mit 3–4 Eiswürfeln durchgerührt. Das geht am besten mit einem langstieligen Barlöffel (Eislöffel oder andere Alternativen funktionieren aber genauso). Beim Rühren mit dem Löffel spiralförmig von unten nach oben am Glasrand entlangfahren. Drink dann durch ein Sieb in ein Trinkglas abseihen.

Rühren im Trinkglas

Das ist die einfachste und schnellste Methode für alle Drinks mit Zutaten, die sich völlig unkompliziert vermischen. Spirituosen & Co. in das Glas geben, aus dem auch getrunken wird, und mit dem Barlöffel (oder einem anderen Löffel mit längerem Stiel) verrühren. Nicht zu heftig, schließlich kommt das Glas auf den Tisch und soll noch sauber aussehen.

Blenden im Elektromixer

Gut für alle Cocktails, die herrlich schaumig werden sollen, wie etwa die Tropicals. Drinkzutaten mit etwa 4 EL crushed ice im Elektromixer bei hoher Geschwindigkeit schaumig mixen. In ein Trinkglas umfüllen (diesmal nicht durchs Sieb) und mit Deko servieren.

Schnaps ist Schnaps oder was?

Nun mal ganz ehrlich. In diesem Buch geht es um Cocktails. Auch um alkoholfreie, weil selbst eingefleischte Promille-Fans zwischendurch gerne was Feines ohne Alkohol zwitschern möchten.

Schließlich sind wir alle öfters Autofahrer und wollen niemanden in Gefahr bringen. Uns selbst nicht und andere schon gar nicht. Oder wir haben einfach richtig Lust auf einen Cocktail, der einem nicht den Kopf verdreht. Daher sind bei den Rezepten in diesem Buch viele alkoholfreie zu finden, die perfekt zu den anderen Drinks im Kapitel passen. Eigentlich aber geht es hier darum, wie man aus hochprozentigen Spirituosen süffige, aromaintensive Drinks mixt. Womit wir bei der Basic-Basis wären.

Cocktails sind Luxus pur. Zwei Drinks an der Bar und der Abend ist gelaufen: Promillestand okay, aber Kontostand bedenklich. Also ist Mixen teuer? Na ja, zu Hause nicht, in der Bar allerdings schon. Profis müssen leider so rechnen, dass auch für sie was übrig bleibt: Warenkosten plus Betriebskosten plus Bedienungsgeld plus benötigter Gewinn plus Mehrwertsteuer = Cocktailpreis. Das heißt also über den Daumen gepeilt: nur 20 % vom Cocktailpreis landet wirklich in Form von Flüssigkeit im Glas. Der Rest ist für das Drumherum und das Know How vom Barprofi. Für die Basic-Bar reicht ein bisschen weniger Fachwissen – dafür darf mehr ins Glas.

Über weiße und braune Spirituosen

Alle Spirituosen lassen sich grob in zwei Kategorien einteilen. Weiße Spirituosen sind nicht weiß, sondern kristallklar. Durchsichtig wie Wasser und Alkohol. Weil Alkohol immer glasklar ist, wenn er aus der Destille läuft, und dann mit Wasser auf angenehme Trinkstärke verdünnt wird. Bevor das Wasser dazugegeben wird, muss der Schnaps allerdings lagern. Je nach Ausgangsstoff dauert das kürzer oder länger.

Obstbrände, Wodka, Cachaça oder Grappa schmecken schon ganz angenehm, wenn sie frisch aus der Brennblase kommen. Trotzdem gehört der Brand eine Weile in einen Edelstahltank oder Glasballon, damit sich die vielen aromatischen Inhaltsstoffe beruhigen können und der Schnaps weicher wird.

Andere Destillate schmecken besser, wenn zu den aus dem Brand stammenden Aromen (Primäraromen) noch ein paar andere hinzugefügt werden (Sekundäraromen). – durch Lagerung im Fass, welches meistens aus Eichenholz besteht; in Italien darf's auch schon mal Kirsche oder Kastanie sein. Im Fass geht's erstmal rund. Der noch aggressive Jungalkohol reagiert mit den Gerbstoffen vom Holz und nimmt dabei Farbe an. Weswegen die fassgereiften Schnäpse auch braune Spirituosen genannt werden. Je nach Sorte dauert das 1 Jahr (etwa bei Tequila und manchen Brandys) oder mindestens 3 Jahre (bei Whisk(e)y und Edel-Brandys wie Cognac).

Dann hat sich alles beruhigt und das Destillat hat eine goldene Farbe und schöne Sekundäraromen von Vanille, Nuss oder Marzipan angenommen, während es gleichzeitig weich und rund wurde. Je länger gelagert wird, desto mehr Sekundäraroma gibt es. Nach 15–50 Jahren hat das Fass gewonnen, und niemand will den Brand mehr trinken. Deshalb ist es die Aufgabe des Brennmeisters, das richtige Alter zum Abfüllen zu finden. Meistens mixt er Brände aus verschiedenen Fässern und mit verschiedenem Alter zu einem ganz bestimmten Geschmacksprofil, das der Käufer dann auch in jeder Flasche wiederfindet. Dabei darf er aus Tradition der Farbe und dem Geschmack bei vielen Spirituosen mit Zucker und Zuckercouleur nachhelfen.

Die meisten Spirituosen bleiben jetzt so, wie sie sind. Manche werden aber zusätzlich aromatisiert und gefärbt: mit Kräutern wie beim Vermouth oder Kräuterlikör. Oder mit Lebensmittelfarbe wie bei den knallbunten Likören oder Bitters.

Über Gläser

»Das Auge trinkt mit« ist so ein blöder alter Spruch, der bei Cocktails aber haargenau stimmt. Jedes Jahr, wenn die neuen Glaskataloge erscheinen, stürzen sich die Bar-Profis drauf und überlegen, welche Gläser noch in ihre Regale passen. Weil ein schönes Glas schon die halbe Miete ist. Je schlichter das Glas, desto mehr muss garniert werden. Je attraktiver das Glas, desto weniger Deko braucht man (und muss sie auch nicht kaufen). Für die Basic-Bar ist der Verkaufsaspekt nicht wichtig. Die Garnitur ist da, um den Cocktail für uns selber oder für Gäste hübsch zu machen. Und wir kommen erstmal mit unseren ganz normalen Gläsern aus. Ein Schnapsglas taugt zum Abmessen, weil genau 2 cl (20 ml) reingehen. In ein kleines Wein- oder Saftglas passen etwa 10 cl (100 ml), das reicht für alle Short- und Mediumdrinks. Große Bechergläser und bauchige Rotweingläser fassen 20–25 cl (200–250 ml) und sind somit ideal für Longdrinks und tropische Fruchtcocktails. Sektgläser sind auch praktisch: für die Medium- und Longdrinks. Wer trotzdem echte Cocktailgläser (sind schon chic und gar nicht mal so teuer) möchte: im klassischen Cocktailglas finden 6–8 cl (60–80 ml) Flüssigkeit Platz, in den größeren Cocktailschalen 10–15 cl (100–150 ml).

Über Basic-Aromatics

Aromatics sind die Stoffe, die dem Cocktail neben der alkoholischen Basis Flavour geben – also Säfte, Sirups, Softdrinks, Schwaumweine & Spices. Wie man damit mixt, steht in den einzelnen Kapiteln auf jeder Magazin-Seite unter »Das passt zu ...«. Hier nur die Basics:

Fruchtsäfte lassen sich in zwei Gruppen einteilen: herbe (z. B. Orangensaft) und süße (z. B. Mangonektar). Die Grenze, welcher Saft wie schmeckt, muss jeder selbst ziehen. Und: Mit einem Schuss Zitronensaft kann man bei fast jedem Cocktail die Süße individuell einstellen. Warum das so ist, erklärt Doc. Alex auf Seite 112.

Sirups sind immer süß, enthalten ganz viel Zucker und sind deshalb ewig haltbar. Außerdem schmecken sie intensiv nach Frucht. Im Cocktail werden sie gerne für fruchtige Fülle genommen, müssen aber immer durch einen Schuss Soda, Saft, Softdrink oder Sekt verdünnt werden.

Softdrinks sind Mineralwässer und Limonaden, die in der Bar gebraucht werden. Also Sodawasser, Zitronen- und Orangensprudel (für Bier-Cocktails), Bitter Lemon und Orange, Tonic Water und Ginger Ale. Vom Sprudel abgesehen wurden diese Softdrinks speziell zum Mixen erfunden und sind deshalb perfekt fürs Creative Mixing geeignet.

Schaumweine haben im Buch ein eigenes Kapitel (ab Seite 84), bitte dort nachlesen.

Spices sind Gewürze, Würzsaucen und Gewürzbitter (aus Alkohol, Früchten und Kräutern destillierte Würzmittel). Viele süße Cocktails schmecken erst richtig, wenn die Süße durch etwas frisch geriebene Muskatnuss verfeinert wird. Pikante Drinks bekommen Feuer, wenn man sie mit Worcestersauce oder Tabasco würzt. Und beinahe jeder Drinkklassiker wird mit einem Tropfen Angostura (einem Gewürzbitter aus der Karibik) intensiver und charaktervoller.

Schlau kaufen

Einmal im Jahr macht's jeder Deutsche. Cocktail-Fans noch viel öfter. Was sie tun? Na shoppen gehen, gute Alkoholika kaufen. Und wenn schon, dann richtig.

Selbst Tante Emma kommt in ihrem Laden nicht ohne ein Spirituosen-Regal aus. Da stehen dann ein paar Liköre drin, einige härtere Sachen, wenn's gut geht, auch noch ein Sirup. In großen Shops wird das Regal schnell zur Abteilung: nichts, was es da nicht gibt. Und dann tauchen da noch die Schnapsläden auf. Oft als Feinkostgeschäft getarnt. Oder als Südlandhaus. Früher wurde dort exotisches Obst verkauft, vor allem als Trockenware. Seit das auch bei Tante Emma herumsteht, haben sich viele Fachgeschäfte auf ausgefallene Spirituosen spezialisiert. Da lohnt es sich, mal rumzustöbern, wenn die Bar zu Hause das Basic-Ausmaß längst verlassen hat. Jetzt, am Anfang, muss aber erstmal die Grundausstattung her.

Welcher Cocktail schmeckt mir?

Nichts ist so verstaubt wie eine Flasche in der Bar, mit der niemand mixen mag. Deshalb gerade zu Beginn nur Flaschen kaufen, die auch wirklich zu gebrauchen sind. Das hängt davon ab, welche Cocktails mir auch wirklich schmecken. Um das herauszufinden, Test auf dem Umschlag machen: Sind es die fruchtigen, cremigen oder süßen? Die erfrischenden, anregenden oder die bittersüßen? Oder sollen es lieber die klassischen sein? Dann im Register unter diesen Stichworten entsprechende Cocktails raussuchen und beim Rezept nachlesen, was dafür gebraucht wird – und das anschließend kaufen.

Markenartikel oder No-Name-Flasche?

Die ersten Flaschen müssen nicht unbedingt von Markenerzeugern kommen, können es aber. Die Frage lautet: Bin ich ein Image-Trinker? Denn die haben nur Spaß an Cocktails, wenn die Zutaten aus Flaschen stammen, die ein bekanntes Trademark ziert. Das ist aber okay, weil gerade bei Spirituosen der bekannte Name nicht von ungefähr kommt. Sehr oft steht eine lange oder witzige Erfolgsgeschichte hinter den großen Marken, oder es gibt fantasievolle Antworten auf die Frage, wie man einen besonders guten Schnaps oder Likör erzeugen kann. Da wird schon mal eine Familie von einem Prinzen auf der Flucht mit einem Likörrezept aus königlicher Feder belohnt (so war's angeblich beim Whiskylikör Drambuie). Oder die treue Negersklavin Tia Maria aus Jamaika rettet bei der Flucht der spanischen Kolonistenfamilie vor Karibik-Piraten auch ein altes Familienrezept für einen Kaffeelikör. Der wird nach ihr benannt und ist die Basis für neuen Wohlstand. Bäckermeister Edouard Cointreau fand vielleicht wirklich in der Destillation einen Weg, das Aroma karibischer

Bitterorangen ohne deren Bitterkeit in sein Gebäck zu bringen. Lucas Bols eröffnete nachweislich schon 1575 eine winzige Likörfabrik in einem Holzhäuschen an einer Amsterdamer Gracht. Don José Cuervo wurde in der Tat vom spanischen König im Jahre 1795 beauftragt, in der Kolonie Mexiko eine Destille für »Tequila-Wein« aufzubauen und gründete so die mexikanische Tequila-Industrie. Keine Marke ohne Story. Sei es auch nur die von Geschäftssinn und Qualität, die eine bleibende Verbindung eingingen. Da haben Imagetrinker schon Recht: Jede große Spirituosenmarke hat was ganz Besonderes.

Eines haben aber auch die No-Name-Brände aus dem Supermarkt: geprüfte Qualität. Gerade weil die Geschichte der Spirits so lang ist und sie immer auch Exportschlager waren, die Geld in die Regierungskasse brachten, gibt es seit ewigen Zeiten Gesetze und Vorschriften, die die Herstellung regeln und den Namen schützen. Wenn auf dem Etikett einer No-Name-Marke, also Wodka steht, dann muss auch Wodka drin sein. Wodka ist eine »Spirituose, die aus Äthylalkohol landwirtschaftlichen Ursprungs entweder durch Rektifikation oder durch Filtrieren über Holzkohle oder durch eine gleichwertige Behandlung gewonnen wird, welche die organoleptischen Merkmale der verwendeten Ausgangsstoffe selektiv abschwächt«. So steht's derzeit im Gesetz. Das heißt nichts anderes, als dass Wodka ein Schnaps ist, der aus einem natürlichen Rohstoff wie Kartoffeln oder Getreide gebrannt und dann so behandelt wurde, dass er möglichst rein schmeckt. Ob das nun ein Wodka mit oder ohne Marke ist, ist dabei egal. Wer also Geld sparen will beim Aufbau seiner Basic-Bar, der kann auch beim Discounter fündig werden.

Wer dort dann Markenware kauft, macht aber nicht immer ein Geschäft. Beispiel: Von Grand Marnier, dem französischen Orangenlikör, gibt es zwei Versionen. Die mit dem gelben Seidenbändchen (das ist der »Cordon Jaune«) wird aus billigerem Neutralalkohol gemacht und steht bei Discountern im Regal. Die teurere Flasche mit dem roten Seidenbändchen (das ist dann der »Cordon Rouge«) wird auf Basis von echtem Cognac hergestellt und schmeckt deshalb auch schon ganz anders.

Auch am Alkoholgehalt wird bei Discountware öfter mal gespart. Wenn Spirituosen aus der Destille fließen, dann haben sie zwischen 68 %vol. Alkohol beim Cognac und 96 %vol. beim Wodka. Das ist natürlich viel zu viel, weshalb der Schnaps mit Wasser verdünnt wird, bis man ihn angenehm trinken kann. Erlaubt ist eine Verdünnung auf 36 %vol. – also ungefähr ein Drittel Alkohol, zwei Drittel Wasser. Da schmeckt man schon ganz schön viel Wasser raus. Soll beim Mixen nun noch Soda mit in den Drink, haut das mit dem wahren Geschmackserlebnis nicht mehr ganz so hin. Also lieber eine Spirituose kaufen, die mindestens 38 %vol., besser sogar zwischen 40 und 45 %vol. hat. Dann schmeckt der Cocktail einfach nach mehr.

Surf'n shop

Die Grundausstattung für die Basic-Bar geht somit klar. Wie komme ich aber an etwas Ausgefallenes? An solche Bottles, die dem Drink die Raffinesse und der Bar die tolle Optik geben? Einfach mal beim Profi hinterm Tresen nachfragen, welche geheime Zutat den Lieblingscocktail zu etwas Besonderem macht. Auch, wo man die Flasche dann herkriegt. Bei wirklich seltenen Sachen bestellt vielleicht der Geschäftsführer der Stammkneipe eine Flasche beim Gastro-Lieferanten mit. Irgendwer hat auch immer einen Ausweis für Großhandelsfirmen (notfalls in der Kantine nachfragen). Dort sind die Sachen nicht billiger, aber die Auswahl ist sehr groß. Auch was Zubehör wie witzige Deko angeht. Aber Achtung: am besten Einkaufszettel schreiben und die Kreditkarte zu Hause lassen. Das Auge trinkt mit und nichts ist so bunt und einladend wie das Likörregal …

Vielleicht ist da ein bisschen Abstand zu den Flaschenbatterien gar keine so schlechte Idee. Gehen wir also virtuell shoppen. Im Internet surfen. Beinahe jeden Tag kommen neue Anbieter für Cocktail-Spirituosen auf den Markt. Die Jungs von www.barpartner.de helfen immer gerne weiter – Spirituosen, Sirups und andere Mixzutaten, da gibt's fast alles und der Service funktioniert. Die Firma ist in Trier an der luxemburgischen Grenze, hat den Versand aber in Luxemburg. Dort ist die Alkoholsteuer viel niedriger als bei uns und so lässt sich manches Schnäppchen machen. Einfach mal surfen und Preise vergleichen. Aber Vorsicht: Nicht immer trifft man im Netz die idealen Geschäftspartner. Wenn's blöd läuft, wird sehr spät, falsch oder auch gar nicht geliefert. Reklamationen sind äußerst zeitaufwändig, lästig und oft erfolglos.

Barsnacks
Eiscrusher
Flaschen
Blender
Schirmchen
Limettenstößel
Barsieb
Löffel
Rührglas

17 Basics, die man zum Mixen braucht

Barsnacks

Waren das noch Zeiten, als man sich an der Bartheke durchfuttern konnte: ein Drink, fünf Tellerchen Fischli oder Nüsse. Stammgäste bekamen sogar Oliven. Die Snacks sollten wohl Durst machen. Oder gute Laune. Oder beides. Oder den Magen füllen. Gute Idee, eigentlich. Hat der Magen was zu tun, kümmert er sich nur nebenbei und langsamer um den Alkohol. Heute verkaufen die Szene-Bars uns lieber Fingerfood. Ist auch cool. Und trotzdem: Wann sind wir eigentlich das letzte Mal in einer Bar versackt, weil wir vor lauter Knabberkram das Abwandern zum Abendessen vergessen haben? Ach ja ...

Eiscrusher

Warum Eis beim Mixen unterschiedlich kalt sein muss, erklärt Doc. Alex auf Seite 28. Wie groß Eiswürfel sein sollen, steht beim Punkt »Eiswürfel«. Hier geht es um crushed ice, kleine Stückchen zerstoßenes Eis, das nicht nur den Tropical Drinks die richtige Schaumigkeit und Frische verleiht. Im Eiscrusher geht's ganz leicht: Eiswürfel rein, drehen, fertig. Wer keinen hat, sucht im Werkzeugkasten nach einem möglichst großen Hammer oder nimmt Omas Fleischklopfer aus dem Küchenbuffet: Eis in einen Plastikbeutel füllen oder in ein Geschirrtuch wickeln, draufhauen, fertig. Basic, oder?

Flaschen

Glaubt man Doc. Alex, ist nur eine Flasche nötig, um eine Bar zu eröffnen (Seite 28). Stimmt aber gar nicht. Große, kleine, dicke, dünne, dunkle, helle – viele sind wichtig. In jeder Flasche steckt ein anderer Duft, ein anderes Aroma, ein anderer Geschmack. Und erst die Farben! Bunt wie Regenbögen, prächtig wie Pfauenräder. Abenteuer pur: Wohin reise ich heute? In die Karibik mit Rum? Nach good ol' Scotland mit Scotch? Vers la France avec du cognac? Nach Brasilien mit Cachaça? Ach was, ich bleib daheim und mix mir was.

Blender

Heißt auch Elektromixer und gehört oft zum Zubehör der Küchenmaschine. Gibt es aber auch solo – und in der Profi-Ausführung, bei der der Becher mit den Zutaten von unten in den Motorblock mit angetriebenem Rührstab eingehängt wird. Die ist aber purer Luxus. Guter Ersatz: der Pürierstab und ein Kunststoffbecher. Im Blender mixt (= engl. to blend) man vor allem Tropical Cocktails, die gleichmäßig püriert und schön schaumig werden sollen. Optimale Beigabe: crushed ice. Das Eis ist im Rezept in Form von Tauwasser übrigens mit eingerechnet. Fruchtcocktails erhalten damit die richtige Konsistenz.

Schirmchen

Lang ist's her, als Oma uns in die Eisdiele einlud und wir ein Eis mit kleinem Schirmchen bekamen. Leider hatte Oma auch noch ihre Freundinnen dabei. Da haben wir das Schirmchen aus lauter Langeweile so lange auf- und zugemacht, bis es aussah wie ein Sonnenschirm nach einem Tornado über der Adria. Heute langweilen wir uns nicht mehr. Da öffnen und schließen wir unser Cocktailschirmchen, während wir der Schönen der Nacht tief in die Augen sehen. Wollen wir wetten, dass sie nicht merkt, wie nervös wir sind?

Limettenstößel

Ist im Gegensatz zu Großmutters Fleischklopfer ein neuer Bewohner der Küchenschublade. Seine Heimat: Brasilien. Seine Lieblingsfrucht: Limetten. Daher auch der Name. Er stößelt (zerdrückt, zerquetscht) aber auch Zitronen, Orangen, Pomeranzen und Minzeblätter, wenn der Cocktail das so will. Der Lieblingsschnaps vom Limettenstößel? Brasilianischer Cachaça natürlich, denn daraus wird sein (und unser) Lieblingscocktail: Caipirinha. Der Limettenstößel kann aber mehr: Der Mojito entsteht unter seiner Aufsicht. Und Mint Julep. Oder Cuba Libre. Unverzichtbar also für alle Fans von Samba do Brasil und Bacardi-Feeling.

Barsieb

Wird vom Profi »Strainer« genannt. Nicht, weil die Arbeit damit so anstrengend wäre (das heißt »strain« nämlich auf Englisch), sondern weil sich der Drink dadurch besonders gut filtern lässt (was »strain« nämlich auch bedeutet). Der Strainer besteht aus einer nicht rostenden Stahlplatte mit kleinen Löchern, um die sich eine Stahlspirale zieht. Die passt sich dem Rührglas oder Shaker an und lässt nur die Flüssigkeit ablaufen, nicht aber das zum Mixen benutzte Eis. Und das besonders schnell und sicher. Zu Hause reicht aber ein kleines, feines Küchensieb zum Abseihen völlig aus.

Löffel

Heißt in der Barsprache »Barspoon«. Echt? Klar doch, in der Bar hat alles einen englischen Namen, selbst ein Basic-Teil wie ein Löffel. Aussehen darf er wie er will, nur der Stiel muss lang sein. So wie die Eislöffel beim Italiener. Echte Barspoons haben allerdings oben noch eine runde Scheibe, mit der Früchte, Zucker oder Minzeblätter zerdrückt werden können. In diesem Buch machen wir das aber ganz basic mit dem Löffelrücken vom Kaffee-, Tee- oder Eislöffel. Übrigens: ein Barlöffel fasst so viel wie ein Tee- bzw. Kaffeelöffel, nämlich 5 ml oder 0,5 cl.

Rührglas

Profis haben, um gerührte Cocktails herzustellen, ein extra Rührglas, das in der Bar als Mixing-Glas bezeichnet wird. Basic-Fans kommen mit einem großen Becherglas aus, in das etwa 400–500 ml Wasser passen. Und so wird damit gearbeitet: das Cocktailglas (= Trinkglas) bereitstellen. 3–4 Eiswürfel ins Rührglas geben, Zutaten für den Drink darüber gießen, Löffel hineinstecken, umrühren, Cocktail durch ein Sieb ins Cocktailglas gießen. Fertig.

17 Basics, die man zum Mixen braucht

Zitronenpresse

Frisch gepresst schmecken Zitrussäfte einfach besser. Wer wenig mixt, kommt mit der einfachen Zitronenpresse aus, für Viel-Mixer ist eine schlichte Elektropresse besser. Wenn nur die Geräte aus glitzerndem Chrom nicht so cool aussehen würden ... Aber Achtung: Auch der Privat-Profi sollte nur eine Presse haben, die die Schale nicht mitquetscht. Oder er benutzt ausschließlich unbehandeltes Obst, damit keine Konservierungsstoffe mit in den Saft kommen. Übrigens: Wird viel Saft gebraucht, rechtzeitig reichlich auspressen und im Kühlschrank aufbewahren (hält 1 Tag). Vor Gebrauch durchschütteln!

Schneidbrett

Nur wir Deutschen schneiden unser Obst für den Cocktail ganz prosaisch auf dem Schneidbrett. In der American-Bar wird dagegen schnittig wie mit dem Carving-Ski auf dem »carving board« (so heißt das Brettchen auf Bar-Englisch) »gecarvt«, also geschnitzt. Damit die Fruchtstücke dann hinterher professionell oder zumindest dekorativ aussehen, wird dazu ein kleines, scharfes Spezialmesser, das vom Profi »fruit knife« genannt wird, verwendet. Uns reicht ein entsprechend großes Küchenmesser und eben ein Schneidbrett – bitte nicht aus Glas, sonst wird das Messer stumpf.

Messbecher

Cocktails lieben Genauigkeit. Weil ihre Zutaten sehr aromaintensiv sind, sollte man sich exakt an die im Rezept angegebene Menge halten, damit der Drink später auch gut schmeckt. Manche Barkeeper haben ein klasse Augenmaß und schütteln die richtige Menge aus dem Handgelenk. Die viele Praxis macht's. Für den Laien ist das schwierig, vor allem am Anfang. Also: sorgfältig abmessen. Womit? Mit einem Schnapsglas (2 cl / 20 ml) und einem exakten Messbecher mit kleinen Einheiten aus der Küche. Später kann man sich ja dann immer noch mal ein Barmaß (»measure« im Fach-Englisch) kaufen.

Eiswürfel

Für alles gibt's eine DIN-Norm, nur für Eiswürfel nicht. Deshalb stellen wir jetzt eine auf. Der Standardeiswürfel in diesem Buch ist 2 cm lang, 1 cm breit und 1 cm hoch. Wer größere oder kleinere Formen hat, nimmt entsprechend mehr oder weniger Eis. Halbiert (dafür reicht bei wohltemperierten Würfeln ein vorsichtiger, aber beherzter Schnitt mit einem großen Küchenmesser) sind die Stücke dann etwa haselnussgroß – das ist für manche Cocktails wichtig, steht im Rezept auch immer dabei. Und fein zerkleinert kommen sie aus dem Eiscrusher (siehe auch dort).

Zahnstocher

Wir werden jetzt nicht ins Detail gehen. Bei uns dienen Zahnstocher nicht der Sauberkeit, sondern der Lebensfreude. Denn bei uns wird damit nicht in Zähnen gepopelt, sondern Obst aufgespießt. Welches? Am besten alles. Nur nicht aus der Dose. Immer wieder top: Orangenscheibe an den Rand des Glases stecken, Zahnstocher mit einer Cocktailkirsche oder einem Obststückchen bestücken und in die O-Scheibe stecken. Hinteres Ende des Zahnstochers auf den Glasrand legen. Weniger basic, aber schön sind bunte Cocktailspießchen aus Plastik oder Glas. Wie die funktionieren? Genauso.

Shaker

Wörtlich bedeutet das Schüttelbecher und das stimmt: in diesem Becher mit Deckel werden Drinks geschüttelt. Drei verschiedene Formen gibt's: der dreiteilige besteht aus Becher, Siebeinsatz und Deckel. Der bei Profis übliche Boston Shaker nur aus Unterteil und Deckel, da wird zusätzlich das Barsieb gebraucht. Genauso wie bei dem Shaker, bei dem ein Metall- und ein Glasbecher ineinander gesteckt werden. Letzterer ist schwieriger in der Handhabung, aber das Glas kann als Rührglas dienen. Zu Beginn reicht auch ein billiger Plastikshaker, den es fürs Mixen von Salatdressings gibt.

Strohhalme

Was haben Barfliegen mit Giraffen gemeinsam? Den langen Hals. Nur – bei Giraffen ist er angewachsen, bei den Barfliegen nennt er sich Strohhalm. Deshalb beugt die Giraffe den Kopf zum Drink, die Barfliege nicht, weil sie den Cocktail durch den Strohhalm suckelt. Alles klar? Nun aber mal im Ernst. Früher, damals, in der guten alten Zeit, da wurden Drinks durch einen dünnen Halm aus Stroh getrunken. Warum? Weil es einfach Spaß machte. Und heute? Da sind die Dinger zwar aus Plastik, das Trinken daraus macht aber immer noch Laune.

Cocktailglas

Es war einmal ein schlafendes Dornröschen in einer Szene-Bar. Das wachte auf und schrie: Ich bin ein klassisches Designer-Glas und stehe sogar im Museum (was vielleicht gelogen war). Ich bin trendy, weil klassische Drinks in sind (was stimmte). Da erbarmten sich die zechenden Prinzen, ihre Damen und auch die Barkeeper. Und alle wollten wieder mit Dornröschen. Was sie wollten? Daraus trinken natürlich. Denn gibt's vielleicht was Schöneres, als einen klassischen Martini aus dem klassischen Cocktailglas mit einer klassischen Olive zu trinken?

Magic Cocktails

Also. Da sitze ich in meiner Lieblingsbar und komme ins Sinnieren. Das passiert mir dort nicht immer, aber immer wieder und wahrscheinlich gehe ich deshalb hin.

Der Barchef kennt das schon und findet's gut. Manchmal macht er auch mit. Leider viel zu selten, weil in seinem Laden viel los ist. Schlag auf Schlag mixt er die Drinks, so dass mir Hören und Sehen vergehen würde, müsste ich es machen. Zurück zu mir. Erst setzt mir der gerade bestellte Cocktail die rosa Brille auf und dann fange ich an, Fragen zu stellen, die ich mir so noch nie gestellt habe. Heutiges Thema: Cocktails.

Vor mir steht ein türkis schimmernder Drink, in dessen Tiefen ich mich verlieren möchte. Magische Intuition kommt in mir auf, ich verstehe, nein, ich fühle, dass alkoholische Drinks einmal als Getränk der Götter in Tempeln gesüffelt wurden: die direkte Fahrkarte in den Olymp. Priester only. Heute darf jeder. Gut so. Aber noch kann ich denken, noch hat mir die Magie meiner sanft beleuchteten Stammbar und ihrer schillernden Drinks nicht ganz den Verstand geraubt. Ich genieße, ach, und wie ich das tue. Ganz allein, ganz privat. Doch in meinem Hinterkopf lebt ein zweites Ich. Das ist die gute Gastgeberin, die soooo gerne Partys feiert. Die schaut sich alles ganz genau an. Und guckt sich alles ab.

Also. Warum sind Cocktails magic?

Weil sie etwas Besonderes sind. So wie die Kreationen großer Köche. Verschiedene Aromen auf einen gemeinsamen Nenner gebracht, unterstützt durch warmen, fülligen Alkohol. Das Ganze sehr fein herausgeputzt. Ein anderer Punkt ist auch sehr wichtig. Vielleicht sogar wichtiger. Profi-Bars leben von der Personality des Barchefs. Die Basic-Bar lebt von der Persönlichkeit des Gastgebers. Und dieser besticht durch die viele Mühe, die er sich mit seinen Freunden gibt. Er lässt die Gäste nicht verhungern, kleine Snacks stehen auf dem Tisch. Die sind zwar schnell gemacht, aber vorbereitet werden müssen sie trotzdem. Und er trumpft auf mit einem Cocktail-Know-How, das die Basic-Cocktails besonders magisch werden lässt. Denn sie sind freundlich. Gastfreundlich. Magic.

Wie man sie mixt, haben wir schon gelesen oder werden es noch weiter hinten in diesem Buch. Wie man sie magisch ins Licht setzt? Na – so! Mit Deko. Bei der kann sich die Kreativität austoben. Die Zeiten sind schon lange vorbei, in denen es Vorschriften für die richtige Garnitur am Glas gab. Heutzutage darf alles auf den Glasrand oder den Dekospieß, was gefällt und zum jeweiligen Cocktail schmeckt. Nicht gut sind Sachen, die durch ein zusätzliches extremes Aroma den Eigengeschmack des Cocktails überdecken. Ausnahme: die Cocktailkirsche, die passt stets. Ansonsten gehen Orangen- und Zitronenscheiben immer. Die Scheiben einschneiden und einfach an den Glasrand stecken. Dazu eine oder mehrere Kirschen auf einen Zahnstocher spießen, ein Ende des Stäbchens in die Zitrusscheibe stecken und das andere Ende auf den Glasrand legen. Strohhalm dazu, fertig. Sehr hübsch sieht auch eine Schalenspirale von einer Orange oder Zitrone aus. Hierfür unbehandelte Zitrusfrucht waschen und mit einem scharfen Messer vorsichtig spiralförmig ohne die weiße, bittere Haut abschälen. Spirale ins Glas einhängen und ein bisschen andrücken, damit ein Hauch Schalenöl den Drink mit Extra-Aroma verwöhnt. Das aber nur tun, wenn es im Rezept steht oder aber Orangen oder Zitronen im Drink eine Rolle spielen.

Cocktails, die es zum Dessert gibt, wirken besonders magisch, wenn sie mit einem Crusta-Rand aufgemotzt werden. Den kann jeder ganz fix selbst machen: den Rand vom Glas (am besten wäre eine Cocktailschale, aber ein kleines Weinglas geht auch) mit einem Zitronenviertel anfeuchten und in Zucker dippen. Oder Zitronensaft und Zucker wie beim Panieren auf zwei Teller verteilen und den Glasrand zuerst im Saft und dann im Zucker drehen. Ins Glas eine Zitronen- oder Orangenspirale legen. Den Drink im Shaker schütteln oder im Mixglas rühren und vorsichtig in das Crusta-Glas abseihen. Mit Strohhalm servieren.

Die rechte Zeit für magic Cocktails

Cocktails trinken kann man immer: alleine oder zu mehreren, zum konkreten Anlass oder einfach just for fun. Dazu gibt es kleine Knabbereien und Snacks oder auch eine richtige Mahlzeit, vielleicht sogar ein mehrgängiges Menü. Jetzt wäre es gut zu wissen, wann welcher Cocktail perfekt passt. Na und hier steht's.

Before-Dinner-Drinks sind Cocktails mit Aperitif-Funktion, werden also vor dem Essen getrunken. Die Zutaten: in der Regel trocken. Die Cocktails: meistens Shortdrinks, appetitanregend und aus nur wenigen Zutaten gemixt. Before-Dinner-Drinks bezeichnet man auch als Dry-Cocktails.

Magic Cocktails machen neugierig ...

... und kreativ. Könnte man da nicht noch was verändern? Oder hier noch ein bisschen was dazutun? Meistens klappt das prima. Es gibt zwar einige Cocktails, die sind einzigartig und wollen's auch bleiben, viele aber lassen sich mit verschiedenen Spirituosen mixen. Anregungen dazu sind auf den Seiten 62, 70 und 88 zu finden. Hier steht, wie Basic-Rezepte gemixt werden, wie man sie verwandeln kann und wie die Cocktails dann heißen.

After-Dinner-Drinks sind Cocktails mit Digestif-Funktion. Sie sind meistens aus einem Basic-Spirit, Likör und Sahne hergestellte süße Shortdrinks, die auch mal das Dessert ersetzen oder ergänzen können. Man nennt sie auch Sweet-Cocktails.

Medium-Cocktails liegen geschmacklich zwischen den Before- und den After-Dinner-Drinks. Je nach Lust und Laune trinkt man sie vor oder nach dem Essen. Basis ist meist eine Spirituose, die mit Likör oder Zuckersirup gesüßt und mit ein wenig Zitronensaft abgemildert wird.

Und zu guter Letzt: Falls eine Magic-Cocktail-Party der Anlass fürs Cocktailmixen ist, müssen eventuell noch ein paar Sachen geklärt werden, bevor es los geht.

- Den Gästen ein Motto mitteilen und die passende Musik aussuchen, z. B. groovy Barmusik aus der CD-Reihe »bar lounge classics« (von Sony Music, siehe auch Seite 138). Dann stimmt die Kleidung und der Background. Cocktailparties leben wie Bars von der richtigen Atmo. Licht checken: Braucht's die Disco-Light-Anlage oder genügt der Dimmer? Manchmal reichen ganz wenige Requisiten für die richtige Stimmung. Ideen dazu in jedem Kapitel.
- Für den Gastgeber praktisch und für den Gast cool ist es, eine kleine Barkarte zu schreiben. Dann werden nur die Drinks »bestellt«, die auch einfach zu mixen sind. Und niemand kommt ins Schwitzen.
- Und nun noch ein paar echte Basics. Die Bar sieht nur gut aus, wenn sie wirklich sauber ist. Also unter dem »Tresen« einen großen Mülleimer verstecken. Dann noch alles, was geht, vorbereiten: Cocktaildekos fertig machen und im Kühlschrank zwischenlagern, Eis temperieren und eine große Schüssel für Eisreste (aus dem Shaker oder dem Rührglas) aufstellen.
- Und dann geht's los. Let's have a party. Tonight.

Mixrezepte

GRANATAPFELSIRUP
Fruchtsirup
Oliven
Orange
Zitrone
Zitronenlimo
Hardware
ROHRZUCKER
(Zucker-Sirup)
BAR-SIRUP
Zuckersirup
Zitrone
Wodka
SMIRNOFF

Kirschnektar

Eiswürfelbeutel

Tonic Water

Wasser

16 Basics, die man für die erste Party braucht

Ginger Ale

Orangensaft

Limette

Bitter Lemon

Fruchtsirup

Fruchtsirups werden aus eingedickten Fruchtsäften und Zucker gemacht, sie bringen Farbe und Süße in die Cocktails. Der Name kommt vom arabischen »scharab«, was so viel wie »Trank« heißt. Bis in die Golden Fifties gab es nur Waldmeister- und Himbeersirup. Echt angestaubt! Dann kam der Grenadinesirup: saftig-süß und knallerot. Nicht immer ist wirklich Granatapfelsaft drin, der Geschmack aber passt stets. Seit den 70er Jahren stehen Barsirups in allen Farben des Regenbogens im Regal. Die sind etwas für Kreative und Sammler. Für die Basic-Bar reicht erstmal ein Grenadine.

Oliven

Wie war das noch mal mit dem Drink für Bond, James Bond? Geschüttelt, aber nicht gerührt? Okay, hier kriegt jeder seinen Lieblings-Martini. Aber die Olive kommt rein. Unbedingt. Ist das wichtig? Ja. Denn mit einer Silberzwiebel drin, wäre es kein Martini mehr, sondern ein Gibson. Schmeckt auch toll. Noch toller aber sind Oliven, die auf dem Tresen als saftiger und würziger Snack stehen und perfekt zum Cocktail passen. In guten Bars gibt's deshalb immer Oliven »para pickar« – zum Aufpicken. In meiner Basic-Bar auch. Warum? Weil meine Basic-Bar eine gute Bar ist.

Orange

Orangen schmecken nach Sommer, selbst wenn draußen Schnee liegt. Und sie mögen gute Gesellschaft. Vor allem in Cocktails. Hier kennt sie jeder und alle lieben sie. Vor allem ich! Deshalb mix ich mir jetzt einen coolen Drink mit einer saftigen Orangenscheibe und mit duftendem Schalenöl für noch mehr Aroma. Obwohl draußen Schnee liegt? Weil draußen Schnee liegt. Und im Sommer? Dann erst recht! Mehr Ideen? Auf den folgenden Seiten. Wie wär's mit einem Wolgaschiffer? Oder einem Tequila Sunrise? Oder einem Negroni?

Zitronenlimo

Zitronenlimonade passt nur auf die Kinderparty? Irrtum: Damit kann man ganz schnell und echt basic Sommercocktails rauf und runter mixen. Einfach Zitronensaft, Zuckersirup und Sodawasser durch Limo ersetzen. Wie etwa bei einem **Basic Daisy:** Hochprozenter nach Lust und Laune auf Eis mit 1 Spritzer Grenadinesirup verrühren und mit Zitronensprudel auffüllen. Oder bei einem **Basic Fizz:** 4 cl Basis-Spirituose mit 1 Schuss Zitronenlimo im Shaker mit Eiswürfeln so lange schütteln, bis der Shaker außen beschlägt. Durch ein Sieb ins Glas abseihen, mit weiterer eiskalter Limo auffüllen.

Hardware

Cocktailmixen ist einfacher als man denkt. Basic eben, easy und good fun. Entsprechend basic ist auch die Hardware, die man wirklich braucht, um coole Drinks zu zaubern. Die allermeisten Sachen sind sowieso schon im Haus. Klar, ein spezielles Rührglas mit zugehörigem Barlöffel macht mehr her. Und weil's nicht die Welt kostet, wird's beim nächsten Shopping-Trip besorgt. Ich will aber jetzt mixen. Sofort. Dann geht's auch im großen Becherglas. Den langstieligen Eislöffel habe ich aus Italien mitgebracht, jetzt wird er zum American-Bar-Spoon. Alle Rezepte für die erste Party werden gerührt und nicht geschüttelt, da reicht das Rührglas dann auch aus. Also los. Aber richtig abmessen, das ist wichtig. Mal eben so über den Daumen peilen is nich. Sonst habe ich irgendwas zusammengepanscht. Schmeckt zwar gut, ist aber nicht das Original. Ich behelf mir mit einem Schnapsglas. Notfalls nehme ich das, das mir Oma Lilo aus Berchtesgaden mitgebracht hat. Das mit dem Abziehbild der Berge drauf. Da gehen genau 2 cl (20 ml) rein. Jetzt aber. Eis ins Glas, Flüssigkeiten abmessen und dazugeben, umrühren und den Cocktail durch mein Küchensieb gießen. In mein ganz normales Trinkglas. Denk ich mir halt eine witzige Deko aus. Waren da nicht noch Erdbeeren im Kühlschrank?

Zuckersirup

Zuckersirup kann man kaufen oder selbst kochen. Dazu 1 l Wasser mit 1 kg Zucker langsam aufkochen, bis sich der Zucker gelöst hat. Den Schaum mit einem Löffel abnehmen, den Sirup abkühlen lassen und in Flaschen abfüllen. Hält ewig. Gekaufter Zuckersirup wird oft aus Zuckerrohrsaft eingekocht und nicht wie unser selbst gemachter aus Rübenzucker. Der Unterschied im Geschmack ist nur sehr gering, der im Preis dagegen gewaltig. Da werf ich doch echt basic den Herd an ...

Zitrone

Sie ist sommerlich und fruchtig wie sonst kaum etwas. Natürlich auch gesund. Vor allem aber very basic und very lecker. Und sie gehört deshalb in beinahe jeden Cocktail – und wenn es nur ein Spritzer vom Saft ist. Verwendet wird alles: Scheibe, Schale, Saft. Nur nicht die Kerne. Die hält notfalls das Barsieb auf. Ganz besonders wichtig: Die Zitrone muss unbehandelt sein. In vielen Cocktails spielt das aromaintensive Öl aus der Schale eine wesentliche Rolle und da ist Frucht pur gefragt, keine Chemie.

Wodka

Keine Cocktailparty ohne Hochprozenter: Eine Flasche reicht am Anfang auch völlig (später dürfen es gerne mehr werden), denn aus einer Spirituose kann man ganz viele verschiedene Cocktails zaubern. Das ist ein bisschen wie im China-Restaurant. Dort läuft's so: 5 Fleischsorten, 10 Saucen – und fertig sind 50 Gerichte. In der Bar geht es so: 5 Flaschen Hochprozenter, 10 Grundrezepte – und fertig sind 50 feine Cocktails. Deshalb heißen die Grundsorten an Schnaps auch Basis-Spirituosen. Ganz basic eben. Wie mit Wodka als Basis-Spirituose beste Drinks entstehen, steht auf den Seiten 31–35.

16 Basics, die man für die erste Party braucht

Kirschnektar

Kirschsaft gibt es nicht, nur Kirschnektar. Warum das so ist? Weil Obst-»saft« immer zu 100 % aus alkoholfreiem Saft der Früchte bestehen muss. Zucker und andere Zusatzstoffe: verboten! Da Kirschen aber sehr viel Säure enthalten, und der Saft daraus dementsprechend sauer schmeckt, wird Zucker und Wasser zugegeben – und Kirsch-»nektar« draus. Das ist bei Kirschen und Johannis-beeren prima. Bei Orangen und anderen eher süßen Früchten aber immer zum Saft greifen, der Nektar ist hier auf alle Fälle die schlechtere Qualität.

Eiswürfelbeutel

Natürlich kann ich bei meiner ersten Cocktailparty auf mein Glück vertrauen. Oder nur lauwarme Typen einladen. Will ich aber nicht. Deshalb bunkere ich mehr Eis, als in meine Eiswürfelschalen passt. Damit jeder Gast viele, viele coole Drinks genießen kann. Dafür leere ich vorher den Tiefkühler und verarbeite das Eingelagerte gleich mal zu Barsnacks und Fingerfood. Und gleich anschließend fülle ich sofort den Leerraum mit Eiswürfeln von der Rolle. Von der Eiswürfelbeutelrolle. Die nehmen wenig Platz weg und halten ewig, da gut verpackt. Und ich? Ich gebe gleich die nächste Party!

Tonic Water

Keine Basic-Party ohne Wodka Tonic, dem coolen Mix aus Wodka und bitter-süßem Indian Tonic Water. Das heißt so, weil damit britische Offiziere um 1870 im zum Britischen Empire gehörenden Indien versuchten, der Tropenkrankheit Malaria zu entgehen. Eine Tinktur aus Chinin, Limetten, Zucker und Soda half dagegen – das Tonikum »Tonic« war geboren. Mit Tonic kann man fast alle Basis-Spirituosen aufgießen, am besten passt aber der nahezu neutrale Wodka, weil dabei der Tonic-Geschmack besonders betont wird. Und Gin, dessen Wacholderaroma dem Tonic Contra gibt.

Wasser

Zum Auffüllen von Cocktails wird in Bars gerne Soda- oder Mineralwasser verwendet. Ersteres ist bei Profis beliebter, weil es die Aromen der Spirituosen besser zur Geltung bringt. Denn Sodawasser wird zwar wie Mineralwasser aus Wasser und Kohlensäure hergestellt, dann aber wird der sauer-scharfe Geschmack der Kohlensäure durch Zugabe von etwas Soda neutralisiert. Deshalb ist Sodawasser sanfter als Mineralwasser und enthält zudem mindestens 570 mg Natron pro Liter Wasser. Kommt Zitrone dazu, reagiert die Fruchtsäure mit dem Natron, Kohlensäure wird frei und der Drink fängt extra stark zu blubbern an. Tolle Optik!

Ginger Ale

Auch American Ginger Ale ist eine Erfindung der Golden Fifties, die sich bis heute gehalten hat. Der Name wurde durch das in England beliebte Ginger Ale (ein Bier mit Ingweraroma) inspiriert, schmeckt aber völlig anders. Eben so, wie man es vor 50 Jahren in der American-Bar brauchte: würzig-süß mit einem Hauch Ingwer. Und leicht: Drinks mit Ginger Ale brauchen weniger Alkohol, weil der Softdrink selbst so viel Aroma mitbringt. Perfekt in der Kombination mit Minze und Bourbon für alle Südstaatendrinks. Herrlich erfrischend mit anderen Hochprozentern.

Orangensaft

Fruchtsaft ist gesund: er enthält Vitamine, Mineralsalze, Spurenelemente, Fruchtzucker, Fruchtsäure und Gerbstoffe. Das ist klasse. Noch besser: Fruchtsaft schmeckt intensiv nach reifer Frucht. Deshalb sind Cocktails mit solchen Säften nicht nur leicht und tun gut, sondern bringen auch Sommer, Sonne und gute Laune ins Cocktail-Leben. Frisch gepresst mehr denn je. Der Basic-Saft ist Orangensaft, denn er passt zu jeder Basis-Spirituose und zu jedem Sirup. Viele bekannte Cocktails werden mit O-Saft gemixt, er taugt aber auch für Eigenkreationen. Shake it up!

Limette

Anders als bei der Zitrone weiß niemand, ob die Limette mit Konservierungsstoffen behandelt wurde oder nicht. Man ist nicht verpflichtet das anzugeben. Also das grüne Früchtchen immer heiß waschen und bürsten, schließlich wollen wir »unkonserviert« bleiben. Nach der kleinen Dusche kann man die Limette aber unbedenklich verwenden: etwa gestößelt im Caipirinha, Caipirovka und Camparinha, in Scheiben für Gin Tonic & Co, die Schalenspirale im Moscow Mule. Und als Deko, egal ob solo oder zu mehreren, machen sie ganz schön was her.

Bitter Lemon

Dieser Softie, um 1950 erfunden, hat es in Verbindung mit Wodka sogar schon mal zum Titel eines Tatorts gebracht: »Wodka Bitter Lemon« brachte Kommissar Haferkamp 1976 ganz schön ins Schwitzen. Dabei kühlt dieser Cocktail eigentlich eher: die Kombination aus weichem Wodka und bittersüßem Limettenaroma. Lebensmittelrechtlich gesehen ist das Bitter Lemon eine Limonade, die aus Limettenextrakt, Zucker, Aromastoffen und Wasser hergestellt und mit Kohlensäure versetzt wird. In der Praxis ist Bitter Lemon der Basic-Softdrink für alle Tropen-Fans, die es gerne bitter-süß mögen.

Wodka

Wodka hat immer eine reine Seele. Sonst hieße er Whisk(e)y oder Rum. Ehrlich.

Den Hochprozenter Wodka kann man aus allen Rohstoffen destillieren, die Stärke enthalten – also aus Zuckerrüben, Zuckerrohrsaft, Weizen, Gerste, Roggen, Hirse, Mais, Kartoffeln, sogar aus Milchmolke oder aus Zellulose wie Papier. Früher nahm man, was da war: in Russland gab's Roggen und Weizen im Überfluss, in Polen Kartoffeln, in Schweden Roggen, in den USA karibisches Zuckerrohr. So entstanden nationale Unterschiede: Zuckerrohr-Wodkas sind süßlich und breit, aus Roggen werden schwere, erdige Wodkas, aus Weizen zarte, blumige Schnäpse und aus Kartoffeln unverkennbar derbe, aber runde Brände. Dazu wird der Rohstoff zerkleinert und mit Wasser aufgegossen. Durch Kochen des Breis verwandelt sich die Stärke in Zucker. Hefe dazu, schon entsteht Alkohol. Der wird durchs Brennen konzentriert und gleichzeitig gereinigt. Der so entstandene Hochprozenter enthält um die 96 %vol. Alkohol. Damit sich daraus typischer Wodka entwickelt, wird so lange filtriert, bis nur noch 30 mg Aromastoffe pro Liter Alkohol drin sind. Kleiner Vergleich: Whisk(e)y oder Cognac haben 2600 mg Aromastoffe. Da schmeckt man den Unterschied. Wodka erinnert nur noch ein bisschen an sehr sauberen Alkohol.

Neulich kam Doc. Alex, öffnete energisch mein Tiefkühlfach und schob eine Flasche hinein. »Wir eröffnen jetzt eine Cocktailbar.« »Häh, mit einer Flasche?«, sagte ich. »Ja«, meinte der Doc.

Das war natürlich gelogen. Eine Flasche Wodka macht noch keine Cocktailbar. Zu dieser Basis-Spirituose müssen mindestens noch alle weiteren Basics von Seite 22/23 her. Dann können der Doc und alle anderen jeden Cocktail von Seite 31–35 mixen. Also los.

Kein anderer Schnaps ist so basic wie Wodka. Eis ins Glas, Wodka drüber, Orangensaft dazu, umrühren. Fertig. Das ist schon einer der ganz großen Klassiker aus der American-Bar und heißt als Cocktail Screwdriver. Dass auch unsere hippen Lieblingsdrinks aus Mauritzio's Szene-Shaker echt simplistic sind, haben wir schnell gemerkt. Wodka Sour, Highball, Fix, Cooler, Cobbler, Sling, Daisy, Julep und Mist – her mit dem Eis und los und fertig. Skol, Nasdrovje und Prost.

Doc. Alex

Eis ist heiß oder was?

Kein Cocktail und keine Party ohne Eis. Amerikanische Hochzeitsplaner bestellen 500 g Eis pro Gast. Davon bleibt die Hälfte als Eiswürfel im Tiefkühler, bis sie gebraucht wird, und die andere Hälfte darf antauen. Denn Erstere brauchen wir als Kühlaggregat, Letztere als Kältemaschine. Wieso, weshalb, warum? Aufgepasst: Eis braucht zum Tauen Energie. Wärme ist Energie – und die holt sich das Eis aus seiner Umgebung, also aus dem Drink. Am meisten Energie benötigt Eis, wenn es am Gefrierpunkt vom festen in den flüssigen Zustand übergeht und wieder zu Wasser wird. Deshalb kühlt angetautes Eis mehr, vor allem aber schneller als tiefgekühltes und ist die perfekte Kältemaschine, um den Cocktail beim Zubereiten kalt zu kriegen. Dann muss aber schnell abgegossen werden, damit der Drink nicht verwässert. Nun soll der kalte Cocktail aber auch kalt bleiben. Jetzt kommen die tiefgekühlten Eiswürfel ins Spiel – als Kühlaggregat, das sich im eiskalten Cocktail nur ganz, ganz langsam auflöst. Alles klar?

Das passt zu Wodka:

Der Klare aus dem Norden ist gut Freund mit allem, was flüssig ist. So lässt sich Wodka gerne ein mit ...

... **Fruchtsaft:** Wodka gibt allen Fruchtsäften den gewissen Biss. Das Gute dran: Man braucht gar nicht viel vom Schnaps, ein 2-cl-Glas davon reicht pro Saftglas schon aus. So wird's zumindest in der Szene-Bar gemacht. Man könnte aber auch mehr ins Glas gießen, weil man die Wodka-Menge nicht schmeckt. So kennt man's aus dem Fernsehen, wenn der Bösewicht die Heldin verführen möchte. Da bleib ich lieber sparsam. Und mach mich ran ans Saftregal: Ist mir heute nach Maracuja? Oder vielleicht Ananas und Kokos? Oder doch Kirsche?

... **Sirup:** Wodka mag es süß. In welcher Geschmacksrichtung? In jeder. Banane, Erdbeer, Grenadine, Pfefferminz – ganz egal. Sogar der eigentlich geschmacklose Zuckersirup ist gern gesehen. Wodka ist großzügig. Sehr sogar: aus einer süßen Zweierbeziehung kann ein flottes Trio werden. Sonst wird es dem Wodka zu süß und das mag er auf Dauer nicht. Wer als Dritter in Frage kommt? Jeder, der nicht so süß ist, aber den Spaß verlängert. Zum Beispiel ...

... **Soda** – gibt es in feinen Fläschchen oder sprudelndes Mineralwasser – gibt es im Kasten. Dazu immer gut ...

... **Zitronen- oder Limettensaft** – fertig aus dem Glas oder frisch gepresst. Bringt den Wodka in Stimmung, denn sauer macht bekanntlich lustig. Und das sind Cocktailpartys mit Wodka & Co. Immer.

Wodka ist gleich Wodka? Irrtum.

Wodka aus Russland und Polen wird auch pur getrunken, Wodka aus Westeuropa, Skandinavien und den USA ist ausschließlich zum Mixen gedacht. Der typische West-Wodka ist deshalb besonders rein, unverfälscht, mild und passt zu allen Softdrinks. Polnischer Wodka – davon gibt es weit über 1.000 Marken – hat bewusst mehr Aroma, ist weich und leicht süßlich. Russische Wodkas sind geschmacksintensiv und recht scharf. Weil sie gerne Fuselöle enthalten, sollte man damit nicht zechen – Katerwarnung!

Das schmeckt zu Wodka:

Denken wir doch mal an Bond, James Bond: eingelegte Oliven (erinnern an Pistolenkugeln aus »The Man with the Golden Gun«) und Käsestangen (»Goldfingers«) passen immer. Croûtons mit Dips (wird im »Casino Royale« geknabbert) sind auch nicht übel. Oder Drinks samt Fingerfood reichen – die Snackidee vom Nikolaschka aus »From Russia with Love«: 1 Teil Wodka und 4 Teile Fruchtsaft im Becherglas mit 2 Eiswürfeln verrühren. 1 kleine Brotscheibe mit Salami- und Wurstscheiben und 1 Apfel- oder Zitronenschnitz belegen. Glas damit abdecken. Dann ins Brot beißen wie »Jaws« und – Cheers!!

Wodka plus:

Irgendwer hat es mal erforscht: 87 % der Deutschen gönnen sich mindestens einmal im Jahr alkoholische Drinks. Und wenn's nur das Glas Sekt an Silvester ist. Darum hat auch beinahe jeder irgendeine Flasche mit Hochprozentigem, Likör, Bitteraperitif oder Dessertwein wie Sherry zu Hause: man kann ja nie wissen ... Damit diese Bottles nicht länger Staub ansetzen, legen wir los, laden ein und mixen munter mit unserem neuen Wodka und dem, was sonst noch so da ist, drauf los. Und zwar bekannte Cocktails: 4 cl Wodka plus 4 cl Galliano (gelber Kräuterlikör in einer sehr schönen Flasche) plus 1 cl Limettensaft plus 1 cl Ananassaft wird im Shaker geschüttelt zum Yellow Fever.

(Fortsetzung auf Seite 30)

So wird mit Wodka gefeiert:

Ambiente: Spielcasino. Kostüm: Geheimagenten mit schwarzer Krawatte, Bond-Girls mit viel nackter Haut. Drinks: alles mit Wodka. Bond's Classic-Cocktail: Wodka Martini. Für 007 keine Frage: sein hochprozentiger Drink (4 Teile Wodka, 1 Teil Vermouth Dry, alles vorgekühlt, wenig Eis aber 1 Olive) wird geshaked, nicht gerührt wie der Standard-Martini. Recht hat der Agent Ihrer Majestät. Der Charakter des Drinks bleibt nämlich gleich, egal ob er gerührt oder geschüttelt wird – letzterer soll aber nach einer Studie kanadischer Wissenschaftler gesünder sein, weil er mehr freie Radikale im Körper vernichtet. Wer (noch) keinen Shaker hat: einfach gerührte Wodka-Longdrinks mit Obst- oder Gemüsesaft wie den Screwdriver (kennt jeder auch als Wodka-Orange, Rezept Seite 31) oder die Bloody Mary (Wodka mit Tomatensaft und Gewürzen, Seite 133) süffeln, die sind ohnehin nicht so heftig, da weniger Alkohol drin ist.

4 cl Wodka plus 2 cl Crème de Cacao wird durchgeschüttelt zum Russian Cocktail. Hier nur die Hälfte Kakaolikör nehmen und dafür Sahne dazu: fertig ist der Polar Bear. Je 1 Teil Wodka plus Crème de Cacao und Eierlikör (Geschenk von Mama, eigentlich für den Kuchen gedacht), das Ganze auf Eis geschüttelt: Willkommen Bel Ami. 4 cl Wodka plus 2 cl Kaffeelikör, im Glas mit Eis verrührt: Hi Black Russian. Zum Black-Russian-Mix noch 1 Schnapsglas Orangensaft dazu – schon ist's ein Blenheim. 3 cl Wodka plus 2 cl Vermouth Bianco plus 1 Schuss Zitronensaft in einem Glas mit Eis verrührt und dann in ein Cocktailglas gegossen, voilà hier kommt der Bitter Bison. Je 1 Schnapsglas Wodka, Vermouth Bianco und Crème de Cassis heißt in der Bar Et Tu, Brute – ganz so wie der klassische Ausspruch von Julius Cäsar »Auch du, mein Sohn Brutus« und wird genauso klassisch geschüttelt. Und wenn wir schon mal bei Wodka und Crème de Cassis (den Likör braucht man hauptsächlich für den Kir Royal) sind: je 1 Schnapsglas voll ins Glas, 2 Schuss Zitronensaft dazu, schütteln und schon tanzt die Laune Ballet Russe.

Das schmeckt noch zu Wodka – und auch anderem:

Basic Nutfeast

30 g Salzstangen in etwa 2 cm lange Stücke brechen. In einer Pfanne 2-3 EL Butter bei geringer Temperatur sehr sanft erhitzen und 1 durchgepresste Knoblauchzehe darin anschwitzen. Je 60 g Mandeln, Pinienkerne und Cashewkerne dazugeben und mit 1 TL Worcestersauce, 1 TL Currypulver und 1/2 TL Chilipulver pikant würzen. Gut durchmischen. Jetzt kommen die Salzstangen dazu und werden 3-4 Minuten geröstet. Dabei rühren und rühren und rühren, da sonst das Currypulver verbrennt und die Nüsse bitter werden. Pfanne vom Herd nehmen und 60 g Rosinen und 1/2 TL Salz kräftig untermischen. Das Nutfeast in einer Schüssel auskühlen lassen. Schmeckt einfach genial.

Crazy Pops

2 EL Öl in einer Pfanne mit Deckel erhitzen, bis es leicht raucht. 1 EL fein gehackten Ingwer und 125 g Popcorn-Maiskörner dazugeben, durchrühren. Zudecken. Die Pfanne immer wieder hin und her ruckeln und 3-5 Minuten heizen lassen. Nicht öffnen. Wenn keine Körner mehr platzen, ist das Popcorn fertig. Geschlossene Maiskörner entfernen, Popcorn in eine

Schüssel umfüllen. Und jetzt kommt Speed ins Ganze: 60 g Butter erhitzen und 1 durchgepresste Knoblauchzehe und 1 TL Chilisauce (aus dem Glas) dazugeben. Kurz anbraten, das Popcorn dazurühren. Mit 1 Hand voll fein gehackter Petersilie und etwas Salz pikant abschmecken.

Creamed Cheese

60 g weiche Butter mit 125 g geriebenem Cheddar, 3 TL weißem Portwein oder Sherry und 4 gehackten Frühlingszwiebeln vermengen. Mit 1 TL Rotisseur-Senf (das ist der mit den Körnern), 1/2 TL Worcestersauce, 2 Prisen gemahlenem Kümmel und Salz würzen. 2 Stunden kühl stellen. 30 g fein gehackte Walnüsse rasch unterrühren. Käsecreme auf Cracker streichen.

li: Wodka Martini Puristic_mi: Wodka Tonic_re: Screwdriver

Wodka Martini Puristic

klassisch

3–4 Eiswürfel (oder auch 6–8 Würfel)
6 cl Wodka
1 Stück unbehandelte Zitronenschale
1 grüne Olive (im Sud eingelegt)

Ein kleines Weinglas nach Belieben im Gefrierschrank vorkühlen oder direkt vor dem Cocktailmixen mit 3–4 Eiswürfeln ausschwenken.
Den Wodka im Rührglas auf 3–4 Eiswürfeln verrühren, bis er gut kalt ist, dann durch das Sieb ins kalte Weinglas abgießen.
Die Zitronenschale über dem Glas ausdrücken, bis etwas Schalenöl austritt und in die Flüssigkeit tropft. Jetzt nur noch die Olive zum Wodka ins Glas geben – und den Drink genießen und sich wie 007 fühlen.
TIPP: Um dem Cocktail noch ein wenig mehr Zitrusaroma zu verpassen, Zitronenschalen nach dem Ausdrücken einfach mit ins Glas geben.

Wodka Tonic

erfrischend

4 cl Wodka
7–8 Eiswürfel
etwa 100 ml Tonic Water

Den Wodka im Rührglas auf 3–4 Eiswürfeln kalt rühren und durch das Sieb in ein Longdrinkglas abgießen.
Mit dem Tonic Water auffüllen und dem restlichen Eis auffrischen.
TIPP: Nimmt man zum Kühlen des Cocktails im Longdrinkglas selbst gemachte Eiswürfel aus frisch gepresstem Orangensaft, dann wird der Drink fruchtiger und in **Sasha's Tonic** umbenannt.

Screwdriver

fruchtig

7–8 Eiswürfel
5 cl Wodka
100 ml Orangensaft

4 Eiswürfel ins Rührglas füllen. Wodka und Orangensaft darüber gießen und gut umrühren. Durch das Sieb in ein Longdrinkglas umfüllen.
Die übrigen Eiswürfel dazugeben und noch einmal umrühren. Mehr braucht's nicht.
TIPP: Ausgezeichnete Deko für den Screwdriver ist etwas Orangenschale. Am besten die unbehandelte Orange gründlich waschen und bürsten und die Schale ohne die weiße Haut (die ist bitter) spiralenförmg dünn abschälen. An den Glasrand hängen.

li: Lime Cooler_re: Wolgaschiffer

Lime Cooler

bitter-süß

2 cl Wodka
1 cl Zuckersirup
Saft von 1 Limette
7–8 Eiswürfel
etwa 100 ml Bitter Lemon

Den Wodka mit dem Zuckersirup und dem Limettensaft im Rührglas auf 3–4 Eiswürfeln verrühren.
Übrige Eiswürfel in ein Longdrinkglas füllen. Den Wodka-Mix durch das Sieb in das Longdrinkglas laufen lassen und mit Bitter Lemon aufgießen. Und nun fix servieren – wer mag, steckt Limettenscheiben an den Glasrand.

Wolgaschiffer

fruchtig

4 Eiswürfel
2 cl Wodka
2 cl Kirschnektar
2 cl Orangensaft
3–4 Frucht-Eiswürfel aus Kirschnektar und/oder Orangensaft (können aber auch ganz normale Eiswürfel sein)

Die Eiswürfel ins Rührglas geben. Wodka mit Kirschnektar und Orangensaft darüber gießen und gut verrühren. Durch das Sieb in ein kleines Becherglas abgießen.
Und damit der Drink länger kühl bleibt und nicht verwässert, die Frucht-Eiswürfel mit ins Glas geben.

Wodka Mist

Wodka Mist

erfrischend

1/2 Glas voll Eisschnee (wie man den macht, steht im Tipp)
5 cl Wodka
1 Stück unbehandelte Zitronenschale

Ein Glas (ein Shortdrinkglas wäre klasse, ein Longdrinkglas geht aber auch) im Gefrierschrank vorkühlen.
Den Eisschnee ins Glas füllen und nochmals kurz kalt stellen, bis das Eis wieder ganz trocken ist und das Glas neblig beschlägt (daher auch der Name des Cockatils: Nebel heißt auf Englisch »mist«).
Dann den Wodka übers Eis ins Glas laufen lassen. Die Zitronenschale darüber ausdrücken und anschließend aufs Eis legen.
TIPP: Für den Eisschnee Wasser in einem kleinen Plastik- oder Metallgefäß zu einem Eisblock einfrieren. Davon dann vorsichtig mit einem scharfen Messer Eis ganz fein abschaben. Eisschnee in einer flachen Form verteilen und sofort wieder tiefkühlen. Ersatzweise können natürlich auch Eiswürfel (in ein Küchentuch gewickelt) zerschlagen werden, bis sie die Konsistenz von kleinsten Hagelkörnchen haben. Oder im Winter einfach sauberen Schnee aus dem Garten oder vom Balkon holen.

li: Moscow Mule_re: Wodka Gimlet

Moscow Mule

würzig

6 cl Wodka
7–8 Eiswürfel
etwa 100 ml Ginger Ale (frisch aus dem Kühlschrank)
1 Spirale aus der Schale einer unbehandelten Limette

Den Wodka auf 3–4 Eiswürfeln im Rührglas rühren, bis er eiskalt ist. Durch das Sieb in ein Longdrinkglas gießen. Mit dem restlichen Eis auffüllen und mit dem Ginger Ale aufgießen.
Die Limettenspirale über dem Drink kurz ausdrücken, bis etwas Schalenöl herausspritzt. Dann die Spirale am Glasrand einhängen oder auch in den Cocktail geben.
Jetzt nur noch kurz warten, bis das Glas außen leicht beschlägt – und sofort servieren. Der rundum perfekte Drink für einen heißen Tag! Aber Achtung: er hat's in sich!

Wodka Gimlet

erfrischend

3–4 Eiswürfel
etwa 1 Hand voll crushed ice
4 cl Wodka
2 cl Limettensaft

Das Rührglas mit den Eiswürfeln, ein kleines Saft- oder Weinglas mit dem crushed ice füllen.
Den Wodka und den Limettensaft auf dem Eis im Rührglas kräftig verrühren. Durch das Sieb ins Saft- oder Weinglas abgießen.
Strohhalm reinstecken, entspannen und einen der klassischsten Cocktails genießen.

Caipirovka

Caipirovka

fruchtig

1 unbehandelte Limette
2 TL brauner Rohrzucker
etwa 1 Hand voll crushed ice
6 cl Wodka

Die Limette waschen und längs in Achtel zerschneiden, dann diese noch mal quer halbieren. Mit dem Rohrzucker in ein kleines stabiles Becherglas füllen.
Beides mit einem Kaffeelöffel oder einem Limettenstößel gründlich zerdrücken, bis der Zucker sich im ausgetretenen Saft aufzulösen beginnt.
Das Glas mit crushed ice auffüllen und den Wodka dazugießen. Leicht umrühren, kurz durchziehen lassen und servieren – am besten mit zwei kurzen Strohhalmen.

Wodka Daisy

li: Wodka Sour_mi: Wodka Sling_re: Wodka Cobbler

Wodka Daisy

süß

7–8 Eiswürfel
5 cl Wodka
3 cl Grenadinesirup
2 cl Zitronensaft
5 cl Zitronenlimonade

4 Eiswürfel ins Rührglas, übrige Würfel in ein Longdrinkglas füllen.
Wodka, Grenadinesirup und Zitronensaft ins Rührglas geben, kräftig verrühren. Ins Longdrinkglas abgießen – Sieb dabei nicht vergessen. Mit der Limo toppen.
TIPP: Ein Zuckerrand (Profis sagen Crusta dazu) macht den Wodka Daisy besonders hübsch. Hierfür den Glasrand zuerst mit Grenadinesirup befeuchten und anschließend in Zucker drücken. Beim Einfüllen des Cocktails dann vorsichtig sein, damit nichts »verwischt«. (Auf Seite 19 steht, wie's geht.)

Wodka Sour

anregend

5 cl Wodka
3 cl Zitronensaft
2 cl Zuckersirup
6–7 Eiswürfel
1 Schuss Sodawasser

Wodka, Zitronensaft und Zuckersirup im Rührglas kräftig auf 3–4 Eiswürfeln verrühren.
Durchs Sieb in ein Saftglas laufen lassen, übrige Eiswürfel dazugeben und mit dem Sodawasser aufgießen.

Wodka Sling

anregend

5 cl Wodka
3 cl Zitronensaft
2 cl Zuckersirup
6–7 Eiswürfel
1 Schuss stilles Mineralwasser

Wodka, Zitronensaft, Sirup und 3–4 Eiswürfel ins Rührglas geben. Kräftig verrühren und durchs Sieb in ein Saftglas gießen.
Mit dem restlichen Eis auffrischen und dem stillen Wasser verlängern.

Wodka Cobbler

fruchtig

3–4 EL crushed ice
je 1 Scheibe von einer unbehandelten Orange, Zitrone und Limette
5 cl Wodka

Eine Cocktailschale oder ein kleines Weinglas mit dem crushed ice füllen. Die Zitrusscheiben in kleine Stücke schneiden und darauf legen.
Mit Wodka auffüllen, vorsichtig umrühren. Dazu gibt's einen Strohhalm oder auch zwei, dann ist's perfekt.

li: Wodka Fix_re: Wodka Julep

li: Wodka Cooler_re: Wodka Highball

Wodka Fix

erfrischend

1 Hand voll Lemon-Sugar-Cubes
(wie man die macht, steht im Basic Tipp)
5 cl Wodka

Ein kleines Becherglas mit den Cubes füllen. Wodka darüber gießen, umrühren – zurücklehnen und genießen.

Basic Tipp

Lemon-Sugar-Cubes sind Eiswürfel aus Zitrussaft und Zuckersirup. Für die Bar ein überaus wichtiges Convenience-Produkt, denn diese Würfelkombination wird für viele berühmte Cocktails gebraucht.
Dazu Zuckersirup mit der gleichen Menge Zitronen- und Limettensaft verrühren, in den Eiswürfelbehälter füllen und tiefkühlen. Wichtig: vor dem Einfrieren abschmecken, damit's nicht zu süß wird. Haltbarkeit: mehrere Wochen.

Wodka Julep

anregend

2 cl Zuckersirup
5–6 Minzeblättchen
1 gute Hand voll crushed ice
5 cl Wodka

Zuckersirup in ein kleines Saftglas füllen. 3–4 Minzeblättchen dazugeben und mit Hilfe eines Stößel oder eines Kaffeelöffels zerdrücken.
Das Glas mit dem crushed ice auffüllen und den Wodka darüber gießen. Einmal umrühren, mit übriger Minze garnieren.

Wodka Cooler

fruchtig

1 gute Hand voll crushed ice
4 Eiswürfel
5 cl Wodka
3 cl Zitronensaft
2 cl Zuckersirup
etwa 5 cl Ginger Ale

Ein Longdrinkglas mit crushed ice, das Rührglas mit den Eiswürfeln füllen.
Wodka, Zitronensaft und Zuckersirup ins Rührglas gießen und gut verrühren. Durchs Sieb in das Longdrinkglas abseihen und mit Ginger Ale aufgießen.

Wodka Highball

klassisch

2–3 Eiswürfel
5 cl Wodka
je 1 Scheibe und Schalenspirale
von einer unbehandelten Zitrone
etwa 100 ml Bitter Lemon
oder Tonic Water

Die Eiswürfel und den Wodka in ein großes Saftglas füllen und verrühren.
Die Zitronenscheibe dazugeben, mit Hilfe eines Stößels oder eines Kaffeelöffels leicht ausquetschen und auch schon wieder entfernen.
Mit Bitter Lemon oder Tonic Water auffüllen und den Cocktail mit der Schalenspirale verschönern.

Cachaça

Cachaça ist Rum. Und doch wieder nicht. Cachaça ist Aguardente de Cana do Brasil - Brasilien pur. Also doch kein Rum? Irgendwie schon, aber… Na, was isses denn nun? Exotik pur. Sanft und feurig, tropisch und erotisch. Cachaça (sprich: Kaschassa) eben – ein zitronentöniges Destillat aus Zuckerrohr. Somit ist Cachaça ein Rum, denn nach der offiziellen Definition ist jeder Schnaps auf Zuckerrohrbasis ein waschechter Rum. Dass Cachaça trotzdem nicht wie Rum schmeckt, liegt daran, dass für Cachaça nicht wie bei den meisten anderen Rums die vergorenen Reste der Zuckerrohrherstellung genommen werden. Cachaça ist edler. Nicht Resteverwertung, sondern Hochprozenter aus dem vergorenen Saft des noch grünen Zuckerrohrs – weswegen er auch fruchtiger und leichter ist als sein Verwandter. Er ist »Zuckerrohrwasser«, das in Brasilien auf Portugiesisch (ist dort Landessprache) Aguardente de Cana heißt. Die meisten Cachaças sind kristallklar. Manchmal wird der brasilianische Stoff aber auch im Holzfass gelagert, dann entstehen goldene Cachaças, die würziger und etwas süßlicher im Geschmack sind. Die kann man auch mal pur versuchen. Oder in allen tropischen Cocktails. Passt immer. Deshalb ist Cachaça auch so unheimlich beliebt. Jeder Brasilianer trinkt im Jahr 9 Liter davon und auch wir haben ein Faible für Cachaça-Drinks wie Caipirinha und Batidas do Brazil. Kaum zu glauben, aber wahr: weltweit wird mehr Cachaça als Wodka getrunken.

Cachaça ist Brasilien pur. Habe ich grad schon mal behauptet, stimmt aber immer noch. Ich träum von Palmen, Bahia, der Copacabana in Rio. Von Cocktails unterm Zuckerhut. Echt? Ja. Dann aber los!

Doc. Alex

Alles schon mal dagewesen.

Cocktail-Premixes sind der Renner, denn bereits vorgemixte Drinks sind bequem und klappen immer. Eine alte Idee im neuen Outfit: Premixes gibt es schon seit mehr als 200 Jahren. Damals mischte man in der Karibik den Rum vor dem Transport nach Europa mit Fruchtsaft, damit die Käufer nicht schmeckten, dass auf der langen Schiffsreise immer salzige Gischt in die Rumfässer eindrang. Dieser »Cocktail« wurde »Shrub« genannt und die Konsumenten liebten ihn. 100 Jahre später entdeckten die ersten Wintersportfans aus dem eleganten St. Moritz die Idee und den Namen wieder. Denn Picknicks im Schnee waren beliebt, Cocktails auch. Also wurden Drinks vorgemixt, in Flaschen gefüllt und in den Schlitten gepackt. Nach einer romantischen Fahrt kam am Picknickort frischer Schnee ins Cocktailglas – und der Premix gleich hinterher. Eiskalt und lecker. Und heute? Mixen wir unseren eigenen Shrub mit Cachaça oder Rum, sparen tüchtig Geld (Premixes sind teuer) und haben's bequem. Rezeptbeispiel auf Seite 41. Partyidee folgt sofort.

Cachaça kommt aus Brasilien.

Aber auch in der Karibik, in Mexiko und auf den Zuckerinseln des Indischen Ozeans wie Madagaskar, Mauritius und La Réunion wird vergleichbarer Zuckerrohrschnaps gebrannt. In spanischsprachigen Gebieten heißt dieser dann »Aguardiente«, in französischen Überseedepartements steht »Grappe Blanche« oder »Guildive« auf dem Etikett. Mixen kann man damit wie mit Cachaça. Für Cocktails fast zu schade sind die Luxus-Cachaças, die wie Cognac und Malt Whisky diskontinuierlich gebrannt und sehr lange gelagert wurden. Unbedingt pur probieren!

Das passt zu Cachaça:

Brasilien ist ein magisches Land. Aber Vorsicht, denn Lebenslust und Farbenpracht sind ansteckend. Cachaça ist klar wie Wasser, da muss das Bunte schon woanders herkommen. Und die Lebenslust? Auf und probieren und anstecken lassen von Cachaça …

… com suco de fruta (mit Fruchtsaft): Alles passt, alles geht. Sogar Cachaça mit heimischem Apfel- oder Birnensaft. Wenn nichts anderes im Haus ist. Stimmungsmäßig ist exotischer Obstsaft aber einfach besser. Generell gilt: Weil Cachaça eher leicht und zitronig schmeckt, sollte der Drink immer mit etwas Sodawasser verlängert werden. Dann kommt der zarte Zitrusgeschmack besser zur Geltung.

… com miel de cana (mit Zuckerrohrsirup): Beide zusammen ergeben zunächst mal einen ziemlich farblosen, wenn auch angenehm süß-pikanten Drink. Was sich aber schnell ändern lässt – wie der Caipi beweist.

… com miel de fruta (mit Fruchtsirup): jetzt kommt Farbe und Fahrt in den Drink. Fruchtsirup, Cachaça, Limettensaft und viel Eis. Gut geschüttelt und mit Soda verlängert – kann Samba do Brasil einfacher sein?

… com Softdrinks (das ist nicht Denglisch, sondern Portenglisch): Cachaça kann in allen tropischen Drinks verwendet werden, in die auch weißer Rum kommt. Auch in denen, die mit Tonic Water, Bitter Lemon, Ginger Ale und Cola aufgefüllt werden. Wie etwa der Cuba Libre (Rezept Seite 55), der wie Daiquiri (Seite 53) und Mojito (Seite 55) aus Havanna auf Kuba stammt. Denn mal ehrlich, sind die Brasilianerinnen nicht genauso schön wie ihre karibischen Schwestern?

Das schmeckt zu Cachaça:

Cachaça kommt aus Brasilien, ist Brasilien. Also bereite ich typische Barsnacks des Landes vor. Kaufe exotische Trockenfrüchte und stelle sie auf den Tisch. Dazu rühre ich aus 100 g gesüßter Kokoscreme und 250 g Quark einen Dip. Und ich zaubere eine Salsa Cruda: 1 Packung Tomatenstückchen (250 g), 1 Tasse gehackte Zwiebeln, 1 fein gehackte Chilischote und 1/2 Hand voll gehackten Koriander (als Ersatz geht auch glatte Petersilie) vermischen und mit Salz, Pfeffer und ein bisschen Zucker würzen. Fertig. Dazu passen Polenta-Schnitten (die heißen in Brasilien Farova), hart gekochte Eier und Tortilla-Chips.

Cachaça plus:

Einen Obstkorb zum Plündern in der Nähe? Ja, dann nix wie los – und Batidas do Brasil mixen! Die gelingen immer nach diesem Basic-Rezept: 4 EL crushed ice mit 3 EL klein geschnittenem Obst nach Wahl, 4 cl Cachaça, 1 cl Limettensaft und 1 cl Zuckersirup im Mixer schnell durchpürieren und in eine große Cocktailschale umfüllen. Mit Fruchtstückchen garnieren. Auch aus Südamerika, von der Insel Curaçao in der Karibik, kommt der Orangenlikör Curaçao triple Sec (bekannteste Marke: Cointreau) – den braucht man für Desserts. Oder für den Cocktail Nightboat to Brazil: 1 1/2 cl Cachaça, 1 1/2 cl Curaçao Triple Sec, 1 1/2 cl Limettensaft und 1 EL gesüßte Kokoscreme mit 4 EL crushed ice im Mixer durchmixen. Ein Klassiker ist auch der Woody Woodpecker. Hierfür 4 cl Cachaça im Rührglas mit 150 ml Orangensaft auf 3 Eiswürfeln verrühren und dann 1 cl Galliano dazugießen. Mit Strohhalmen suckeln und sich wie an den Stränden Brasiliens fühlen.

So wird mit Cachaça gefeiert:

Copacabana, heiße Rhythmen, eine Partido do Brasil – da muss ich hin. Nicht so einfach, deshalb feiere ich nebenan am Strand vom Baggersee oder auf dem Beach-Volleyball-Feld. Hauptsache es gibt Sand, um meine Füsse drin einzugraben. Und weil ich wie alle Brasilianer gerne auch mal faul bin und nur genieße, mache ich es mir einfach. Damit nicht nur meine Gäste feiern. Limetten riechen und schmecken nach Exotik und Sommer. Und müssen deshalb mit. Plus meine Kühltasche voll Eiswürfel und meine Flaschen voll Bahia Shrub (Seite 41). Eine Flasche Cachaça und Rohrzucker für den Caipi pack ich ebenfalls ein. Dazu den Stößel und ein gutes scharfes Messer. Gläser und Softdrinks muss jeder selbst mitbringen. Brasilianische Musik, Samba com Jazz und das »Girl from Ipanema« laufen auf dem Ghetto-Blaster. Hab' ich jetzt alles? Glaube schon. Denn die gute Laune kommt von selbst.

li: Copacabana_mi: Carneval do Brasil_re: Brasilian Morning

Caipirinha

Copacabana

cremig

4 EL crushed ice
5 cl Cachaça
2–3 cl Sahne
2 cl Schokosirup oder
1 EL Instant-Schokopulver
6 cl Maracujanektar
ein paar Schokostreusel

Alle Zutaten (bis auf die Schokostreusel) in den Elektromixer füllen. Diesen anschalten und alles nur ganz kurz durchmixen, bis der Drink zu schäumen anfängt. Dann den Mixer sofort abstellen, sonst kann die Sahne gerinnen.
Den Cocktail in ein Longdrinkglas gießen und mit den Streuseln bestreuen.

Carneval do Brasil

fruchtig

4 cl Cachaça
4 cl Orangensaft
7 cl Mangonektar
4 Eiswürfel
1 Hand voll crushed ice

Cachaça mit Orangensaft und Mangonektar im Rührglas auf den Eiswürfeln kräftig verrühren.
Ein Longdrinkglas mit crushed ice füllen. Den Drink durchs Sieb darüber gießen – und vom Karneval in Rio träumen. Ola! Ola!

Brasilian Morning

erfrischend

4 Eiswürfel
4 cl Cachaça
2 cl Zitronensaft
1 Spritzer Grenadinesirup
1 ganz frisches Eiweiß

Alle Zutaten in den Shaker füllen und gut verschließen. Shaker fest in die Hände nehmen und kurz, aber kräftig schütteln, bis er außen beschlägt. Dabei den Deckel gut festhalten, sonst gibt's eine Sauerei. (Wenn's zu kalt oder zu rutschig wird: Shaker in ein Handtuch packen.)
Nach dem Schütteln den Cocktail durch das Sieb oder das gelochte Shaker-Oberteil in ein Cocktailglas füllen.

Caipirinha

fruchtig

1 unbehandelte Limette
2–3 TL Rohrzucker
6 cl Cachaça
etwa 1 Hand voll crushed ice

Die Limette waschen, achteln und in ein Becherglas legen. Limettenstücke mit dem Rohrzucker bestreuen und mit einem Stößel (ersatzweise geht auch ein Kaffeelöffel) gut zerdrücken.
Den Cachaça darüber gießen. Das Glas zu zwei Dritteln mit dem crushed ice auffüllen und kräftig umrühren, bis sich der Zucker gelöst hat.
Den Caipi mit einem Strohhalm versehen (oder mit einem bunten Cocktailspießchen garnieren) und sofort servieren.

Bahia Shrub

li: Kokos Batida_re: Bananen Batida

li: Tropical Surprise_re: Flying Saucer

Bahia Shrub

fruchtig

Für den Cocktailmix (ergibt 3 l, das entspricht etwa 20 Gläsern):
2 Flaschen Cachaça (à 0,75 l)
Saft von 6 Orangen
Saft von 3 Zitronen
1/2 l Zuckersirup
1/8 l Ananassirup

Zum Servieren pro Glas:
crushed ice aus 4 Eiswürfeln
frische Fruchtstückchen für die Deko (am besten passen Ananasscheibchen und Orangenspalten; wer's bunter mag, plündert seinen Obstkorb entsprechend)

Alle Zutaten für den Cocktailmix in einer großen Schüssel miteinander verrühren und 2 Stunden durchziehen lassen.
Dann den Mix vorsichtig durch ein Sieb und einen Trichter in Glasflaschen (z. B. Cachaça-Flaschen) abfüllen. Und 1 Woche an einem kühlen, dunklen Ort durchziehen lassen.
Den Bahia Shrub vor der Party gut kühlen. Dann zum Servieren ein Becherglas mit dem crushed ice füllen und den Cocktailmix darüber gießen. Sanft umrühren und das Glas mit den Fruchtstückchen garnieren. Mit Löffel und Strohhalm servieren.

Kokos Batida

cremig

4 EL crushed ice
2 cl Cachaça
8 cl gesüßte Kokosnusscreme
4 cl Milch

Den Elektromixer mit dem crushed ice füllen. Restliche Zutaten dazugeben und alles schnell durchmixen.
Den Cocktail in ein Longdrinkglas gießen und sofort servieren.

Bananen Batida

süß

1/2 Banane
4 EL crushed ice
2 cl Cachaça
2 cl Sahne
6 cl Ananassaft

Banane grob schneiden und mit den übrigen Zutaten in den Elektromixer geben. Alles etwa 20 Sekunden, also nur kurz, mixen.
Den Batida in ein Longdrinkglas umfüllen und schnell mit einem Strohhalm (und vielleicht einer Bananenscheibe am Glasrand) servieren, sonst setzt sich die Sahne ab.

Tropical Surprise

mild

etwa 1 Hand voll crushed ice
1/2 unbehandelte Limette, in Scheiben
1 Scheibe Ananas, in kleinen Stücken
6 cl Ananassaft
4 cl Maracujanektar

Ein Longdrinkglas zur Hälfte mit crushed ice füllen. Mit Limette und Ananas belegen. Mit einem Löffel oder dem Stößel das Obst leicht andrücken.
Saft und Nektar mit wenig crushed ice kurz im Elektromixer aufmixen und durchs Sieb über die Früchte gießen.

Flying Saucer

bitter-süß

4 EL crushed ice
100 ml Grapefruitsaft
2 cl Limettensirup
1 cl Grenadinesirup

Das crushed ice in ein Longdrinkglas füllen, den Saft mit den Sirups darüber gießen. Jetzt die Muskeln spielen lassen und kräftig umrühren. Strohhalm dazu – und gut ist's.

IMPORTED
IMPORTADO
SILLA
TEQUILA
GRAN
REPOSADO
MEXICO
SIERRA
TEQUILA
Silver
38% vol
e70cl

Tequila

Der Schatz der Sierra Madre. Das ist nicht der Titel eines Western, wenn es um Tequila geht.

Nein, dort in der mexikanischen Hochebene auf Vulkanboden wächst die blaue Agave, aus der man Tequila und Mescal destilliert. Der Unterschied zwischen beiden Agavenschnäpsen: Tequila darf nur rund um das Städtchen Tequila gebrannt werden, die blauen Agaven müssen aus dem Bezirk Jalisco und Teilen der benachbarten Regionen von Nayarit, Michoacan, Guanajuato und Tamaulipas stammen. Mescal wird überall in Mexiko und auch aus anderen Agavensorten hergestellt. Vermutlich ist Tequila deshalb Kult, und nur wenige trinken Mescal. Auch die Mühe macht sich bezahlt, die sich die mexikanischen Brenner mit ihrem Top-Schnaps machen: 8–10 Jahre dauert es, bis die Agave geerntet werden kann. Nur das Herzstück wird gekocht, um die Stärke in Zucker zu verwandeln, der dann zu Alkohol vergärt. Diese schwach alkoholische Lösung wird gebrannt: zweimal, und in Kupfer- oder Edelstahlbrennblasen – wie die besten Destillate der Welt. Den frischen Tequila lässt man danach lagern, bis sein Temperament so weit gebändigt ist, dass es auch unseren Zungen zumutbar ist. Tequila stammt von Pulque ab, einem vergorenen Agavensaft, dem berauschenden und mythischen Geschenk der Götter an die Maya-Priester. Heute zelebrieren Bar-Profis den Kult um Tequila-Slammer (Tequila pur mit Salz und nem Stück Zitrone) und Margarita, dem legendären Cocktail, der vor 60 Jahren in Acapulco der feenhaften Margarita Sames gewidmet wurde. Und wir? Lassen uns auch verzaubern …

»Ich krieg die Motten.« »Was'n los?« »Ich hab grad den Poncho aus Mexiko gefunden.« »Sind Motten drin?« »Nein.« »Na, dann ist alles Roger. Ich hol den Tequila.« »Wieso denn das?« »Weil wir eine Fiesta Mexicana feiern.«

Doc. Alex

Sauer & salzig

Im Moment stehe ich mehr auf sauer & salzig. Bitter & süß ist auch gut, heb ich mir aber für später auf. Warum ich beide Kombinationen mag? Weil ich gerne meinen Gaumen kitzle, der nur diese vier Grundgeschmacksrichtungen wahrnimmt. Damit ich aber die Feinheiten des Drinks entdecken kann, muss auch noch die Nase mitmachen. Darf sie ja: So riecht Tequila deutlich nach Frucht und Gewürzen. Und besonders intensiv wird der Tequila-Genuss, wenn ich zusätzlich meine Geschmackspapillen in Fahrt bringe. Papillen sind die Nervensensoren auf meiner Zunge, Säure und Salz sind ihre natürlichen Dopingmittel. Säure kommt von Zitronen oder Limetten. Deshalb nehme ich eine Scheibe davon in die Hand oder mixe mir einen Margarita. Das Salz streue ich auf den Handrücken oder mache mir einen Salzrand ums Glas (das sieht dann hübsch aus). Weiter geht's so: Entweder in die Zitrusscheibe beißen, Salz vom Handrücken abschlecken und mit purem Tequila hinunterspülen. Oder am Margarita mit Salzrand nuckeln. Schon fangen die Geschmacksnerven zu tanzen an. Und ich tanze mit.

Tequila, aber welcher?

Silber- (oder weiße) Tequilas aber auch länger gereifte und sehr fruchtige Reposado-Tequilas sind fürs Mixen klasse. Goldener Tequila ist junger Tequila, der mit Zuckercouleur gefärbt wurde. Das sorgt für schöne Farbeffekte, zu schmecken ist der Unterschied kaum. Länger im Fass gereifte Tequilas heißen Anejo, sind würzig, weich und fein, schmecken aber kaum noch nach der blauen Agave. Diese Ausgabe kann man sich für die Basic-Bar also schenken, denn gerade das Agavenaroma macht Tequila-Cocktails so richtig lecker!

Das passt zu Tequila:

Tequila ist würzig, fruchtig und schmeckt nach mehr. Deshalb verträgt sich der mexikanische Nobelschnaps mit allen kräftigen Aromen und ist prima für die Cocktail-Bastelwerkstatt geeignet: schief gehen kann dabei eigentlich nichts, selbst wenn die Kreativität Überstunden macht. Nur zu süß sollte der Drink nicht werden. Beste Beispiele hier mit Tequila als ...

... **Fruchtpunsch:** Mit exotischen Fruchtsäften wird aus Tequila schnell ein sinnlicher, süffiger Fruchtpunsch. Aber Achtung! Tequila hat Nachbrenner-Wirkung – am Anfang lieber vorsichtig mit den Mengen sein.

... **Frozen Margarita:** Klassisch schüttelt man die Margarita im Shaker, dann wird sie besonders edel. Die Frozen Margarita dagegen mit 4 EL crushed ice im Elektromixer schaumig aufmixen. Da sie wegen ihrer Kühle mehr Aroma braucht, exotisches Obst nach Lust und Laune klein schneiden und dazugeben.

... **Sangrita:** Grundlage für das würzig-pikante Nationalgetränk Mexikos sind Tomaten, die wie Tequila im Land zuhause sind. Dazu kommen Orangen – aus demselben Grund. Und Chilis. Denn was wären Tex-Mex-Food und Tex-Mex-Drinks ohne die brennend scharfen Mini-Schoten? Fürs Nachmachen das Sangrita-Rezept auf Seite 46 selbst mixen (oder Sangrita fertig kaufen) und nur noch Tequila dazurühren. Der ideale Aperitif.

... **Wellness-Smoothie:** Softig-sanfte Gemüse-, Joghurt- oder Milchdrinks sind vielseitig und trendy – und lassen sich perfekt mit Tequila aufpeppen. Einfach 1 Schnapsglas Tequila mit den Smoothie-Zutaten und 4 EL crushed ice im Mixer cremig pürieren und energisch mit Cayennepfeffer und Worcestersauce abschmecken. Da werden selbst Wellness-Fans zu Mexikanern.

Das schmeckt zu Tequila:

Heute ist mir nach Siesta und Fiesta zugleich zumute. Wenig Arbeit, viel Party. Deshalb mache ich es mir einfach und shoppe Tex-Mex-Food. Zuerst Tortilla-Chips und verschiedene Salsas. Dann kommen viele Tomaten und Orangen in meinen Korb. Mit Zwiebeln, Essig, feinem Olivenöl und Streifen von bunten Chilischoten wird daraus schnell ein erfrischender Salat im Mexican-Style. Aus dem Rest mixe ich Sangrita als Aperitif. Anschließend koche ich noch mein berühmtes Chili con carne nach dem Rezept aus Basic Cooking. Und zu guter Letzt stelle ich den Obstkorb auf den Tisch. Gibt es etwas Herrlicheres als frische Früchte?

Tequila plus:

Seit 30.06.1999 können wir sicher sein: steht Tequila auf der Flasche, kommt diese aus Mexiko. Davor durften auch die Spanier Tequila brennen oder zumindest einen Schnaps so nennen und verkaufen. O.K., der Stoff ist echt – geprüfte Qualität. Und passt in diese Drinks: Bloody Maria heißt die mexikanische Schwester der Bloody Mary (Rezept Seite 133) – mit Tequila statt Wodka gemixt. Oder eine Blue Margarita aus einer Margarita (Seite 46) zaubern. Dafür entweder den Curaçao Triple Sec durch Blue Curaçao ersetzen (wird so blau wie der Golf von Mexiko) oder die Margarita mit 2 EL Heidelbeeren und 4 EL crushed ice im Elektromixer schaumig mixen (dann werden wir so blau wie der Golf von Baja California, denn hier bleibt es nicht bei einem Drink ...). Mit Erdbeeren statt der Heidelbeeren wird's eine Strawberry Margarita. Natürlich passt Tequila auch in Cocktail-Klassiker: Tequila statt Wodka macht aus dem Wodka Sour (Rezept Seite 34) den Mexican Sour.

So wird mit Tequila gefeiert:

Das waren noch Zeiten, als Schlagersänger von Mexiko trällerten. Wie ging der Text noch mal? »Fiesta, Fiesta Mexicana, heut geb ich zum Abschied für alle ein Fest. Fiesta, Fiesta Mexicana, es gibt viel Tequila, der glücklich sein lässt.« Na, das ist doch mal eine Idee. Wir singen lieber nicht (wegen der Nachbarn), alles andere klingt gut. Die Deko? Mein Sombrero und viel Indio-Art. Kostüm? Du ziehst den Poncho über, ich suche nach Ethno-Klamotten. Drinks: Tequila in allen Varianten und exotische Säfte für alle Wellness- und Light-Genießer. Und die Nachbarn? Die laden wir auch ein. Vielleicht bringen sie ja ihr Video vom letzten Urlaub in Cancun mit. Oder auch nur gute Laune. Was besser sein kann.

Margarita

Mexicana

li: Chili con Coco_re: Sangrita Mexicana

Margarita

würzig

Salz
4 cl Saft und 1 Scheibe von einer Limette
4 cl Tequila
2 cl Curaçao Triple Sec
3–4 Eiswürfel

Etwas Salz in eine Untertasse schütten. Die Limettenscheibe über den äußeren Rand des Cocktailglases ziehen und diesen leicht anfeuchten. Ins Salz drücken, bis sich auf der Außenseite ein dünner Salzrand gebildet hat. Vorsicht: Das Salz darf nicht ins Glas kommen, sonst wird der Cocktail nix.
Tequila, Curaçao Triple Sec, Limettensaft und Eis im Shaker gut schütteln und durchs Sieb in das Glas abseihen.
TIPP: Keine Lust auf einen Salzrand am Glas? Dann einfach etwas Salz auf den Handrücken streuen, ablecken und sofort einen Schluck Margarita nachtrinken.

Mexicana

anregend

3 cl Tequila
3 cl Ananassaft
4 Spritzer Limettensaft
4 Spritzer Grenadinesirup
7–8 Eiswürfel

Tequila, Ananassaft, Limettensaft und Grenadinesirup im Shaker mit 3–4 Eiswürfeln kurz und kräftig schütteln.
Ein kleines Becherglas mit den übrigen Eiswürfeln füllen. Den Cocktail durch das Sieb darüber gießen und den Mexicana »on the rocks« (also auf den Eiswürfeln) servieren.

Chili con Coco

würzig

1 rote Chilischote (oder auch ein paar mehr für die Deko, wer mag)
100 ml Möhrensaft
5 EL Naturjoghurt
4 cl ungesüßte Kokosmilch
2 EL crushed ice
Salz
frisch gemahlener Pfeffer

Die Chilischote waschen, putzen und in feine Streifen schneiden. (Wer den Cocktail nicht ganz so scharf möchte, nimmt nur einen Teil der Schote.)
Chili in ein Becherglas geben, mit dem Stößel oder Löffel leicht zerdrücken. Möhrensaft mit Joghurt und Kokosmilch im Elektromixer mit dem Eis schaumig mixen.
Cocktail durchs Sieb ins Glas abseihen, gut umrühren. Mit Salz und Pfeffer würzen.

Sangrita Mexicana

würzig

4 Eiswürfel
4 cl Tomatensaft
2 cl Orangensaft
4 Spritzer Limettensaft
1 TL Zwiebelwürfel
1–2 Spritzer Tabasco
Salz
frisch gemahlener Pfeffer
Cayennepfeffer
Worcestersauce

Alle Zutaten (bis auf die Gewürze) im Elektromixer mixen, bis das Eis zerkleinert ist. Durch ein Sieb in ein Longdrinkglas abseihen. Mit Tabasco, Salz, Pfeffer, Cayennepfeffer und Worcestersauce würzen.

li: Silk Stockings_re: Earthquake

li: Tequila de Coco_mi: El Dorado_re: Tequila Sunrise

Silk Stockings

süß

4 EL crushed ice
5 cl Tequila
6 cl Milch
3 cl weißer Crème de Cacao
3 cl Grenadinesirup
etwas Zimtpulver

Alle Zutaten (bis auf den Zimt) im Elektromixer kräftig aufschäumen und in ein Longdrinkglas gießen. Mit Zimtpulver bestäuben.

Earthquake

mild

2 Erdbeeren
8 haselnussgroße Eiswürfel (größere Eiswürfel vorher zerkleinern)
5 cl Tequila
4 Spritzer Grenadinesirup
2 Spritzer Curaçao Triple Sec oder Orangebitter

Die Erdbeeren waschen und putzen. Mit den anderen Zutaten im Elektromixer kurz »durchrühren«.
Den Cocktail durch das Sieb in ein Cocktailglas füllen.

Tequila de Coco

cremig

4 EL crushed ice
5 cl Tequila
1 cl Zitronensaft
1 cl gesüßte Kokosnusscreme
2 Spritzer Orangebitter

Alle Zutaten im Mixer kurz schaumig aufmixen und in ein Cocktailglas füllen.
TIPP: Besonders cremig wird der Drink, wenn noch 2 EL Sahne mitgemixt werden. Dann aber schnell arbeiten, da die Sahne sonst gerinnen kann.

El Dorado

mild

4 Eiswürfel
6 cl Tequila
5 cl Zitronensaft
2 TL Honig

Eiswürfel, Tequila, Zitronensaft und Honig in den Shaker geben und alles gründlich durchschütteln. Den Drink durch ein Sieb in ein Cocktailglas füllen.

Tequila Sunrise

fruchtig

5 cl Tequila
140 ml Orangensaft
3–4 Eiswürfel
2 cl Grenadinesirup

Im Longdrinkglas Tequila und Orangensaft auf den Eiswürfeln verrühren.
Wenn sich die Oberfläche des Drinks beruhigt hat, ganz vorsichtig den Sirup ins Glas gießen. Nicht rühren! Unbedingt mit Strohhalm servieren.
TIPP: Aus 5 cl goldenem Tequila, 2 cl Zitronensaft, 1 TL Honig und 100 ml Soda- oder Mineralwasser wird der **Tequila Sunset** im Rührglas auf 4 Eiswürfeln gemixt. Durchs Sieb ins Trinkglas abseihen. Für den **Tijuana Sunrise** kommen statt dem Grenadinesirup 4 Spritzer Angostura in den Cocktail.

ROSES
73%
Captain Mor
RUM

Rum

Rum wird auf der ganzen Welt gebrannt.
Immer da, wo es Sonne, Strand und Meer gibt.

Rum ist multikulturell. In den USA, in Mexiko, auf Madagaskar, La Réunion, Hawaii und den Philippinen, in Brasilien, Venezuela, auf den kleinen und den großen Inseln der Karibik: wo auch immer in den Tropen durstige Seefahrer kreuzen, wo azurblaues Wasser und weiße Strände locken, wird auch Zuckerrohr angebaut und Rum gebrannt. Kolumbus brachte die Zuckerrohrpflanze in die Karibik und seine Nachfolger entdeckten die Möglichkeit der Melasse-Destillation schnell – wann weiß man nicht genau, aber Rum ist sicher eine der ältesten Spirituosen. Damals wie heute wird Rum laut amtlicher Begriffsbestimmung aus Zuckerrohr, Zuckerrohrmelasse und sonstigen Rückständen der Zuckerrohrfabrikation destilliert. Die Destillation kann aufwändig in zwei Arbeitsgängen in Pot Stills (kleine Brennblasen) erfolgen. Meistens geht es aber schneller; in einem Arbeitsgang in riesigen Patent-Still-Destillieranlagen. Je nachdem sind die Destillate aromaintensiv und schwer (aus der Pot Still) oder aber leicht und fruchtig (aus der Patent Still). Die meisten Rums sind Verschnitte aus Rums verschiedener Intensität und Herstellungsweise.
Schon sehr früh erkannte man das Mix-Potenzial des herben Destillats: Da die ersten Rums schwer und körperreich ausfielen (leichte, weiße Rums kann man erst seit 150 Jahren brennen), griffen nur hartgesottene Seebären zum Schluck direkt aus der Flasche. Zarter besaitete Gemüter dagegen erdachten die ersten Cocktail-Rezepte. Rum wurde zur Basis für Grogs und »Tropical Drinks«. Der Planter's Punch wurde vor über 200 Jahren erfunden.

»Strand und tiefblaues Meer. Ich möchte in die Karibik.« »Dort gibt's Piraten.« »Und Cocktails. Tiefblaue.« »Also darauf könnten wir uns einigen. Ich mix dir nen Cocktail und dann fahren wir zum Baggersee. Da hat's keine Piraten.«

Doc. Alex

Welcher Rum für meinen Cocktail?

Das verrät das Etikett: »Original-Rum« ist Rum, wie ihn der Brenner in der Karibik gut fand. Wird dieser in Deutschland abgefüllt, ändert sich am Inhalt nichts. Alkoholgehalt: 76–82 %vol. Wurde der Rum in der Pot Still diskontinuierlich destilliert, steht das meistens auch auf dem Label (ist was Besonderes) – dann unbedingt kaufen und mal pur probieren. Heißt es dort »Echter Rum«, dann ist in der Flasche Original-Rum, der in Deutschland durch Zugabe von destilliertem Wasser auf Trinkstärke herabgesetzt wurde. Alkoholgehalt: 38–43 %vol. Echter Rum bietet gute und dabei bezahlbare Qualität fürs Mixen. Bei Rum-Verschnitt wird der Original-Rum mit hochprozentigem, aber geschmacklosem Alkohol gemischt und danach auch noch mit Wasser verlängert, bis man ihn bequem zischeln kann. Besser nicht nehmen, weil diese Rums meistens penetrant und künstlich schmecken. »Deutscher Rum« wird aus Melasse und Rübensaft destilliert, ist aber nur schwer zu finden und lohnt die Suche eigentlich nicht.

Vier Sorten gibt's in jedem Laden

Weißer, goldener und dunkler Rum passen prima in Cocktails, der vierte Typ wird »German Flavour« genannt und in Jamaika speziell für den deutschen Rumtopf hergestellt. Damit besser nicht mixen. Der weiße Rum, auch als »Light«-Rum etikettiert, unterstreicht im Cocktail die Aromen der anderen Zutaten, statt sie zu übertönen. Krasser Gegensatz dazu der Dark-Rum, der herb und vollreif schmeckt. Kompromisslösung: die Golden-Rums. Sie haben einen fruchtigen Charakter mit sanftem, aber nachhaltigem Aroma.

Das passt zu Rum:

Rum verträgt sich mit nahezu jeder Frucht – und mit vielen anderen Spirituosen. Rum ist ein Allround-Genie, ein Hauptdarsteller auf jeder Bühne: ob im heißen Grog oder im Punsch. Oder in coolen Cocktails, die uns über die Hundstage retten werden.

Weißer Rum passt in alle erfrischenden Cocktails. Frisch gepresste Zitrussäfte, dazu Eis und einige zerdrückte Minzeblättchen – fertig ist der Sommerdrink.

Goldener Rum ist fruchtig im Geschmack, dabei mild und leicht süßlich. Hier sind süße Softdrinks wie Ginger Ale oder Cola ideal, aber auch die bitter-süßen Sorten wie Bitter Lemon, Bitter Orange oder Tonic Water. Ebenso werden Fruchtlimonaden oder die sanfteren Säfte aus tropischem Obst wie Maracuja, Mango oder Banane mit goldenem Rum im Handumdrehen zu echt rassigen Tropical Cocktails.

Dunkler Rum wird vom Brenner aus intensiven, sogar leicht scharfen Ausgangsdestillaten zusammengestellt. Diese Rums besitzen Durchsetzungsvermögen! Und das wird vor allem bei Rum Punsch gebraucht.

Pur wird Rum nur selten getrunken. Schade eigentlich, denn die Lagerhäuser der Rum-Brennereien sind Schatzkammern voller uralter, wertvoller Brände, voller Marken-Rums mit dem gewissen Etwas. Rums, die viel zu selten in Flaschen verkauft werden, weil hier zu Lande immer noch Pott (bekannteste deutsche Marke des Rumtopf-Rums) über Pot Still (kraftvoller aromaintensiver Rum, nicht ganz billig) dominiert. Dabei kann Rum pur verkostet zu wahren Aha-Erlebnissen und neuen Cocktail-Ideen führen.

Das schmeckt zu Rum:

Bleiben wir karibisch. Rum und damit gemixte Drinks passen zwar fast zu jedem Gericht, aber heute habe ich Mut zu tropical spices, tropischen Gewürzen. Die lieben Salate mit würzigem Zitronendressing, aber auch Fisch und Fleisch vom Grill. Spareribs und Chickenwings kaufe ich fertig gewürzt (wenn ich wenig Zeit habe) oder lege sie selbst ein: weißen Rum mit der doppelten Menge Ananassaft mixen, frische Kräuter und exotische Gewürze wie Kurkuma, Ingwer, Piment, Cayennepfeffer, Muskat und Kreuzkümmel sowie Salz und Pfeffer druntermischen. Fisch oder Fleisch darin ziehen lassen und dann grillen – mit Tropenfrüchten.

Rum plus:

Mixen mit Rum ist nur auf den ersten Blick eine einfache Übung. Man muss echt rum-probieren und die Probe aufs Exempel machen, denn Rum hat Charakter. Deshalb schmeckt der Rum Punsch und der Tropical Drink nach demselben Rezept völlig anders, wenn eine andere Rum-Marke zum Mixen genommen wird. Öfter mal einen anderen Rum ausprobieren! Aus 5 cl weißem Rum wird mit 1 cl Zitronensaft und 1 TL Honig durch Schütteln der Cocktail Airmail. Ein Blick ins Likörregal: 1 cl Galliano, 1 cl Grand Marnier, 2 cl Sahne und 2 cl weißen Rum ruck, zuck! zum Apollo 13 shaken – ein Cream-Drink zum Durchstarten. Aus 1 cl Limettensaft, 1 cl Grand Marnier und 4 cl weißem Rum wird dagegen – ebenfalls im Shaker – der Larchmont. Blue Heaven lässt sich versprechen, wenn 1 cl Zitronensaft, 1 cl Grand Manier, 1 cl Blue Curaçao und 3 cl weißer Rum geshaked werden. Noch Sake vom Sushi-Abend übrig? Aus 3 cl Sake wird mit 1 1/2 cl Zitronensaft, 1 1/2 cl weißem Rum und 2 TL Zuckersirup der Fujiyama geschüttelt.

So wird mit Rum gefeiert:

Das kann ja wohl keine Frage sein: Caribbean Nights, wir kommen! Wann immer der Wetterbericht im TV von »tropischen Nächten« auch bei uns spricht, steigt bei mir die Partylaune. OK, Pool is' nicht, dafür stelle ich das Kinderplantschbecken auf und lasse Kerzen drin schwimmen. Die Lichterketten von Weihnachten sorgen für den Sternenhimmel, ich für genügend Eis. Jetzt noch ein bisschen Reggae auflegen, die Spareribs und Chickenwings auf den Grill geben – schon geht's los. Mit Rum-Cocktails und vergnügten Gästen. Wenn dann die Nacht aber lang und länger wird, samtig und still, dann erzähle ich am flackernden Feuer Geschichten von grausamen Piraten, von ehrbaren Freibeutern, schönen Frauen und Galeonen voller Schätze. Bis wir alle träumen, berauscht vom Rum, dem flüssigen Gold der glücklichen Inseln. Woher ich die Geschichten kenne? Na, noch nie einen Piratenfilm gesehen? Dann wird's aber Zeit.

Bacardi Cocktail

Daiquiri

Swimmingpool

Bacardi Cocktail

erfrischend

8 haselnussgroße Eiswürfel
4 1/2 cl weißer Rum
1 1/2 cl Limetten- oder Zitronensaft
2 Spritzer Grenadinesirup

Falls die Eiswürfel zu groß sind, einfach in ein Küchentuch packen und mit Hilfe eines Holzhammers zerkleinern, bis sie nur noch haselnussgroß sind.
Alle Zutaten in den Shaker geben und kurz schütteln. Dann nur noch durch das Sieb in ein Cocktailglas abseihen.
TIPP: Wer hier 100 %ig nach dem Original-Rezept shaken möchte, muss beim weißen Rum unbedingt zur Marke Bacardi greifen. Nur mit dieser bestimmten Rum-Sorte wird der Cocktail genau so, wie ihn die Profi-Barchefs guter Bars auf der ganzen Welt mixen.

Daiquiri

erfrischend

4 Eiswürfel
5 cl weißer Rum
1 1/2 cl Limetten- oder Zitronensaft
1/2 TL Zuckersirup

Das Cocktailglas ins Gefrierfach schieben und gut vorkühlen lassen.
Alle Zutaten im Shaker kräftig schütteln und anschließend durch das Sieb in das eiskalte Glas umfüllen.
TIPP: Noch einer von den World Cocktails, die rund um den Globus nach demselben Rezept gemixt werden und überall bekannt sind. Und jetzt auch zu Hause!
Der Daiquiri kann mit vielen exotischen Früchten abgewandelt werden. Am bekanntesten ist der **Strawberry Daiquiri,** in den zusätzlich 2 TL Erdbeersirup kommen und der mit Erdbeeren dekoriert wird. **Frozen Daiquiris** mixt man im Elektromixer mit 4 EL crushed ice statt der Eiswürfel und füllt sie dann nur noch in das vorgekühlte Glas um. Sie sind durch das Schmelzwasser etwas leichter als die »normalen« Daiquiris und schmecken erstaunlicherweise deshalb auch noch fruchtiger.

Swimmingpool

cremig

4 EL crushed ice
4 cl weißer Rum
2 cl Wodka
1 cl Blue Curaçao
6 cl Ananassaft
2 cl gesüßte Kokosnusscreme
1 cl Sahne

Alle Zutaten für diesen sahnigen Cocktail-Klassiker im Elektromixer kräftig aufmixen und in ein Longdrinkglas oder eine Cocktailschale umfüllen.
Jetzt fehlt nur noch ein echter Pool fürs Caribbean Feeling ... Der nächste Sommer kommt bestimmt!

li: Planters Punch_re: Piña Colada

li: Acapulco_re: Planters Cocktail

Planters Punch

fruchtig

Saft von 1/2 Limette
100 ml Orangensaft
Zuckersirup nach Geschmack
5 cl brauner Rum
4 Eiswürfel
etwa 2 cl Soda- oder Mineralwasser

Limetten- und Orangensaft in den Shaker geben, einmal kurz umrühren und dann mit Zuckersirup nach Belieben abschmecken. (Der Planters Punch braucht die Süße, damit der Zitrussaft nicht zu säuerlich hervorschmeckt.)
Rum und Eiswürfel hinzufügen und alles kräftig schütteln, bis der Shaker außen beschlägt. Durch ein Sieb in ein Longdrinkglas abseihen und mit dem Soda- oder Mineralwasser verlängern.
TIPP: Beim Planters Punch darf's je nach Geschmack etwas mehr oder weniger Soda- oder Mineralwasser sein. Mit wie viel aufgefüllt wird, kommt vor allem auf die Trinkgeschwindigkeit an. Wer den Cocktail langsam süffelt, nimmt weniger, denn dann kommt ja noch das Schmelzwasser der Eiswürfel dazu.

Piña Colada

cremig

4 EL crushed ice
6 cl weißer Rum
100 ml Ananassaft
6 cl gesüßte Kokosnusscreme

Alle Zutaten im Elektromixer auf höchster Stufe schaumig rühren. Durch ein Sieb in ein Longdrinkglas oder ein bauchiges Weinglas abseihen. Mit einem gekürzten Strohhalm servieren.
TIPP: Wer mag, kann auch noch 2 cl Sahne unter den Colada mixen.

Basic Tipp

Der Piña (= Ananas) Colada ist sicherlich die bekannteste Version der in der gesamten Karibik beliebten Cocos-Drinks. Er ist aber auch mit anderem Obstsaft sehr lecker: statt Ananassaft mal Erdbeer-, Mango-, Papaya- oder Beerensaft mitmixen. Und statt weißem Rum einen goldenen nehmen.

Acapulco

würzig

7–8 Eiswürfel
4 cl brauner Rum
4 cl Tequila
100 ml Ananassaft
2 cl Limettensaft

4 Eiswürfel mit einem Holzhammer etwas zerkleinern und in den Shaker füllen. Rum, Tequila und die Säfte dazugeben.
Kurz und kräftig schütteln und dann den Drink »on the rocks« servieren. Dazu ein großes Becherglas mit den übrigen Eiswürfeln füllen und den Acapulco durch das Sieb darüber gießen.

Planters Cocktail

fruchtig

4 EL crushed ice
3 cl brauner Rum
3 cl Orangensaft
1 cl Zitronensaft (frisch gepresst!)

Alle Zutaten im Shaker kräftig, aber schnell durchschütteln und durch ein Sieb in eine Cocktailschale füllen.

li: Cuba Libre_re: Mojito

Mai Tai

Cuba Libre

klassisch

1 unbehandelte Limette
4 Eiswürfel
6 cl weißer Rum
etwa 100 ml Cola

Die Limette waschen, halbieren und den Saft auspressen. Dann die beiden Limettenhälften in Spalten schneiden.
Limettensaft in ein Longdrinkglas gießen. Die Limettenspalten hinzufügen und mit dem Bar- oder einem langstieligen Eislöffel leicht zerdrücken.
Das Glas mit Eiswürfeln auffüllen. Den Rum darüber laufen lassen und mit der Cola aufgießen. Vorsichtig einmal umrühren, damit die Cola nicht überschäumt.
TIPP: Ein Drink, bei dem man spontan an Havanna, Hemingway und Hitparaden-Hits denkt, etwa an »Rum and Coca-Cola« von den Andrew-Sisters aus den 50er Jahren.
Wer mag, kann für den Cuba Libre auch goldenen oder braunen Rum verwenden, dann wird er noch würziger.

Mojito

fruchtig

1/2 unbehandelte Limette
1 TL Puderzucker
6–7 Minzeblättchen
1 große Hand voll crushed ice
6 cl weißer Rum
1 Schuss Soda- oder Mineralwasser

Die Limette waschen, halbieren und den Saft auspressen. Dann die beiden Limettenhälften in Spalten schneiden.
Zucker und Limettensaft im Becherglas verrühren. Minzeblättchen und Limettenspalten hinzufügen und in der Flüssigkeit mit einem Stößel oder einem Löffel zerdrücken.
Das Glas mit crushed ice auffüllen, Rum darüber gießen und vorsichtig umrühren. Mit dem Soda- oder Mineralwasser abspritzen und das Blubbern genießen.
TIPP: Nach dem Caipirinha hat der Mojito (Mochito ausgesprochen) seinen Siegeszug bei uns angetreten. Kein Wunder: Cachaça (beim Caipi) und weißer Rum (beim Mojito) schmecken sehr ähnlich, und die Minze gibt der tropischen Fruchtigkeit der Limette noch mehr Fülle und Tiefe.

Mai Tai

fruchtig

4 Eiswürfel
2 cl weißer Rum
2 cl brauner Rum
1 cl Curaçao Triple Sec
1 cl Limettensaft
3 cl Orangensaft
3 cl Ananassaft
1 Spritzer Grenadinesirup

Alle Zutaten für den Mai Tai im Rührglas kräftig verrühren und durch das Sieb in ein Longdrinkglas füllen. Das war's schon.
TIPP: Rezepte für den Mai Tai gibt es in sehr vielen Versionen. Dieses hier ist besonders fruchtig. Klassischer aber wäre der Mai Tai, wenn ein mehr oder weniger großer Schuss Orgeatsirup (das ist ein Barsirup mit feinem Mandelaroma) zum Abrunden dazukommt. Reine Geschmackssache.

GORDON'S
IMPORTED

Gin

Gin ist international. Irgendwie auch britisch. Aber eigentlich holländisch.

Gin ist Branntwein mit Wacholderaroma. Genever ebenso. Letzterer wurde von Holländern erstmals im 16. Jahrhundert hergestellt und »Genever« genannt, was übersetzt nichts anderes als Wacholder heißt. Ursprünglich waren weder Gin noch Genever als Mix-Spirituosen gedacht. Sie waren willkommene Medizin und machten stark: Die englischen Soldaten, die Holland damals von der spanischen Herrschaft befreien halfen, tranken sich damit Mut an, siegten – und nahmen das Rezept für den aromatischen Hochprozenter mit nach Hause. Dort wurde es so lange verbessert, bis Gin als Nobel-Destillat erst in englischen Herrenclubs und dann in der ganzen Welt bekannt wurde. Gewürzpflanzen sind Grundlage der Gin-Herstellung. Für alle Marken-Gins wird Wacholder und Koriander verwendet, oft kommen noch Ingwer, Kassiaöl und -rinde, Muskat, Bitterorange, Engelwurz, Kubebenpfeffer und Granatapfelkerne dazu. Es gibt zwei Methoden, Gin herzustellen: Man kann nach nichts schmeckende Hochprozenter mit natürlichen Aromen aus Heilpflanzen und Wacholder aromatisieren und erneut destillieren. Dann steht »Destilled Gin« auf dem Etikett und es lohnt sich, diese Gin-Sorte zu kaufen. Oder es werden einfach Aromaessenzen in neutralen Alkohol eingerührt. Die so aromatisierten Gins sind billiger, schmecken aber in Cocktails nicht so gut. Guter Mix-Gin muss mindestens 40 % vol. haben, sonst gehen durch die Verdünnung zu viele flüchtige Aromen wie die zarten Zitronentöne verloren, die erst den besonderen Geschmack ausmachen. Und wer gerade keinen Gin hat, nimmt halt Genever.

»Heut ist mir so nach Jetset.« »In Monte Carlo?« »Nö, ist öd.« »Paris?« »Ist out.« »London?« »Charles lebt noch, Diana nicht.« »Tja, was denn dann?« »New York wär cool.« »O.K., ich mach die American-Bar auf.«

Doc. Alex

Was macht das Eiweiß im Cocktail?

In viele weltberühmte Drinks wird ein bisschen Eiweiß gemixt. Das ist zwar nicht zu schmecken, sorgt aber für tolle Optik. Funktioniert wie beim Eischneeschlagen: beim Shaken schließt das Eiweiß zahlreiche Luftbläschen ein, der Drink wird schaumig und steht nicht so schnell ab. Diese Idee ist über 100 Jahre alt, stammt also aus der Zeit, als es noch keine Elektrogeräte gab. Seit der Erfindung der Küchenmaschine hat es nun Elektromixer, die mit hoher Motorleistung reichlich Luft in Drinks schaufeln können. Seither werden Schaum-Cocktails in vielen Bars mit dem Mixer und ohne Ei luftig gemacht. Ganz basic geht's aber immer noch mit Eiweiß. Achtung: Das Ei muss wegen der Salmonellengefahr ganz frisch sein! Eigelb für einen Pastis Flip (Seite 108) oder einen Hokus Pokus (Seite 124) aufheben. Und so geht's: Eiweiß mit etwas Wodka verlängern, mit einer Gabel glatt rühren und pro Drink 1 TL davon in den Shaker geben. Lange und ausdauernd schütteln, bis ganz viele Luftbläschen eingefangen wurden.

Anders als …

… in England wird bei uns zum Mixen der London Dry Gin bevorzugt, denn damit schmecken berühmte Gin-Cocktails wie der Martini Dry (Seite 60) so, wie man sie international kennt und mag. Aber auch die britischen Spezial-Gins lohnen das Ausprobieren in der Basic-Bar. Old Tom oder Plymouth Gin ist leicht durch Zuckersirup gesüßter London Dry, Sloe Gin wird einige Monate mit Schlehen mariniert und erhält so Aroma und eine dunkelbraune Farbe, Lemon oder Orange Gin wird mit den Auszügen oder Schalen von Zitrusfrüchten angereichert.

Das passt zu Gin:

Es gibt Gerichte, die schmecken fantastisch. Leider kann man man sie nie für Gäste kochen, weil irgendwie kein Getränk dazu passt. Die Currys der indischen und der thailändischen Küche sind solche Kandidaten. Sie sind lecker, basic, ruck, zuck! fertig und klappen immer. Aber leider, leider – no drink, no fun. Stop! Das war einmal. Wir stellen vor: Drinks mit Gin zum Asia-Food – und zu anderen gut gewürzten Dishes. Hier sind sie.

Gin Tonic: Wacholderwürziger Gin und appetitanregendes Tonic Water ergeben zusammen die spannende Note, die indische Köche beim Rezepteausdenken ebenso im Kopf hatten. Ausprobieren! Schließlich stammt ja auch das Indian Tonic aus dem mittleren Osten.

Slings: Nicht nur der aus Singapore. Gin-Slings sind erfrischende Longdrinks, die auch Feuer speiende Gaumen wieder beruhigen. Dafür 4 cl Gin, 2 cl Likör (z. B. Kirschlikör), 4 cl Zitronensaft, 1 cl Sirup (z. B. Grenadinesirup) shaken und mit viel Sodawasser auffüllen. Sirup und Likör nach Belieben aussuchen! Wer Kirschlikör und Grenadine nimmt, hat übrigens den berühmten Singapore Sling im Glas (im Luxushotel Raffles of Singapore erfunden).

Gin mit herben Fruchtsäften: (Süße Säfte passen weniger gut zum Essen.) Wenig Gin reicht schon, etwa 1 Schnapsglas voll – dann kommt genug Aroma in den Drink, er bleibt aber leicht. Zum Schluss noch 4 Eiswürfel ins Glas geben und den Longdrink mit 1 Schuss Sodawasser verlängern. Dann wirkt er besonders belebend.

Gin mit Orangen- und Zitronensaft: 2 cl Gin und 2 cl Zitronensaft mit Orangensaft auffüllen und mit Eiswürfeln servieren. Sitzen viele Leute mit am Tisch, den Orangensaft mit Zitronensaft mixen und in einer Karaffe auf den Tisch stellen. Eine kleinere Karaffe mit Gin dazu und Strohhalme zum Umrühren. Dann kann sich jeder selbst bedienen – und Autofahrer können nüchtern bleiben.

Das schmeckt zu Gin:

An der American-Bar wird geknabbert. Nüsse, Cracker und Käsegebäck in kleine Schälchen füllen und jedem Gast mit dem Cocktail servieren. So macht's auch der Profi. Highlight: marinierte Oliven. Knoblauch, Fenchel, Majoran, Rosmarin und Chili mit 1 Schuss Weißwein, etwas Zitronensaft und Olivenöl erhitzen und kernlose, grüne Oliven dazugeben. Vom Herd nehmen und gut 1 Tag durchziehen lassen. Mit Zahnstochern zum Aufpicken mit auf den Tresen stellen. Und dazu: American Wraps. Tortillas und Feinkostsalat fertig kaufen und mit Gurken, Tomaten, Salat und hart gekochten Eiern zum Selberfüllen bereit stellen.

Gin plus:

Wetten? Was auch immer im heimischen Flaschenregal sanft vor sich hin staubt, war schon mal in einer berühmten Bar der Renner in Kombination mit Gin. Vielseitig zu gebrauchen sind Vermouth Bianco, Rosso oder Dry. 2 cl Gin, je 1 1/2 cl Vermouth Dry und Rosso sowie 1 Erdbeere ergeben im Mixer mit 2 EL crushed ice den Bloodhound Cocktail. Ohne Erdbeere, aber mit 2 cl Ananassaft wird daraus der Furniture. Und wenn man nur Vermouth dry nimmt (dann aber 2 cl Vermouth dry, 2 cl Ananassaft und 2 cl Gin) entsteht der Friar, mit Orangen- statt Ananassaft der Douglas. Am besten mal mit Gin, Vermouth, Fruchtsaft und guten Freunden einen feuchtfröhlichen Abend lang selbst Barchef spielen. Campari und Gin ist ebenfalls eine rassige Kombination: Klassiker ist der Campari Cocktail, der aus 2 1/2 cl Campari und 2 1/2 cl Gin gerührt wird. Aus 2 cl Campari und 2 cl O-Saft wird mit 2 cl Gin der Cape Cocktail geshaked. Oder 2 cl Gin, 2 cl Galliano, 1 cl Campari shaken, mit Grapefruitsaft auffüllen und im Bermuda-Dreieck versacken.

So wird mit Gin gefeiert:

Was im feinen Hotel oft stocksteif rüberkommt, wird bei uns zur ausgelassenen Fete: Wir feiern eine American-Bar-Party. Die Deko: American Way of Life. An den Wänden Werbeplakate von Coca-Cola. Hinter dem Tresen stehen Gläser, Shaker, Rührglas, darauf Knabberkram. Music: Jazz & Philly-Sound. Wichtigster Mensch auf der Party: der Barchef. Denn die American-Bar lebt von der Personality des Barkeepers. Der hat eine Barkarte mit Gin-Drinks vorbereitet und Hilfskräfte organisiert. Damit genug Zeit bleibt, um ein offenes Ohr für die Gäste zu haben. So war's schon, als Bestsellerautor Hemingway noch die berühmteste Barfliege der Welt war. Und so ist's auch heute noch in der Basic-American-Bar.

li: Bronx_re: Clover Club

Bronx

klassisch

8 haselnussgroße Eiswürfel
2 cl Gin
2 cl Orangensaft (am besten frisch gepresst)
1 cl Vermouth Dry
1 cl Vermouth Rosso

Alle Zutaten in den Shaker geben und kräftig durchschütteln, bis der Shaker außen beschlägt. Durch das Sieb in ein Cocktailglas abseihen.

Clover Club

(für 2 Leute)

erfrischend

4 Eiswürfel
8 cl Gin
4 cl Grenadinesirup
Saft von 1 Zitrone
1 Eiweiß (ganz frisch!)

Alle Zutaten im Shaker kräftig schütteln, bis der Drink sehr schaumig geworden ist. Zum Prüfen ruhig mal den Deckel abnehmen und kurz nachschauen, ob's schon so weit ist. Durch das Sieb in Cocktailgläser füllen.

li: Gibson_re: Martini Dry

Gibson

würzig

5 cl Gin
1 cl Vermouth Dry
4 Eiswürfel
1 Perlzwiebel (aus dem Glas)

Gin und Vermouth mit dem Eis im Rührglas durchrühren, bis der Drink eiskalt ist. Dann gleich durch ein Sieb in eine Cocktailschale abseihen und die Perlzwiebel dazugeben.
TIPP: Wer will, kann den Drink mit etwas Einlegflüssigkeit der Perlzwiebeln abrunden.

Martini Dry

würzig

4 1/2 cl Gin
1 1/2 cl Vermouth Dry
4 Eiswürfel
1 grüne Olive (im Sud eingelegt)
1 kleines unbehandeltes Stück Zitronenschale (für den, der's mag)

Gin und Vermouth im Rührglas mit dem Eis schnell verrühren und durchs Sieb in eine Cocktailschale gießen. Olive dazugeben.
Wer mag: Zitronenschale abspritzen und ab damit ins Glas.

Long Island Iced Tea

Long Island Iced Tea

anregend

2 cl Gin
2 cl weißer Rum
1 cl Curaçao Triple Sec
2 cl Wodka
2 cl Orangensaft
4 Eiswürfel
Saft von 1/2 Limette
etwa 100 ml Cola

Gin, Rum, Curaçao Triple Sec, Wodka und Orangensaft in einem Longdrinkglas mit den Eiswürfeln gut verrühren.
Den Limettensaft hinzufügen und mit der Cola aufgießen. Mit einem langen Strohhalm servieren.
TIPP: Mit Eistee hat dieser hochprozentige Klassiker wirklich nichts außer dem Namen und der Farbe gemein. Also Vorsicht, dieser Iced Tea hat's in sich! Manche mögen ihn noch härter: Orangensaft durch Tequila ersetzen und sich danach den Tag frei nehmen. Pick me ups, die nach einer schweren Nacht wieder auf die Beine helfen, befinden sich übrigens auf Seite 133.

li: Orange Blossom_mi: Angel's Delight_re: White Lady

Gin Tonic

Orange Blossom

fruchtig

4 Eiswürfel
3 cl Gin
3 cl Orangensaft (am besten frisch gepresst)

Alle Zutaten im Shaker kurz, aber kräftig schütteln. Und fix durch das Sieb in ein Cocktailglas abseihen. Eiskalt genießen.
TIPP: Der Orange Blossom ist auch als belebender Aperitif oder als Pick me up nach einer durchzechten Nacht gut geeignet.

Angel's Delight

cremig

8 haselnussgroße Eiswürfel
2 cl Gin
2 cl Curaçao Triple Sec
4 cl Sahne
1 Spritzer Grenadinesirup

Alle Zutaten im Shaker kräftig schütteln, bis der Shaker außen beschlägt. Dann ist der Drink schön schaumig und darf durchs Sieb in ein Cocktailglas.

White Lady

erfrischend

3 cl Gin
1 1/2 cl Curaçao Triple Sec
1 1/2 cl Zitronensaft (am besten frisch gepresst)
8 haselnussgroße Eiswürfel
1 Cocktailkirsche

Gin, Curaçao Triple Sec und Zitronensaft im Shaker mit dem Eis kurz schütteln und durch das Sieb in ein Cocktailglas abseihen.
Die Kirsche mit ins Glas geben und den Drink geheimnisvoll wirken lassen.
TIPP: Wird der Curaçao Triple Sec durch den alkoholärmeren Blue Curaçao ersetzt, nennt man den Cocktail **Blue Lady.** Die Blue Lady mit Sekt aufgießen und schon entsteht daraus der Cocktail **Flying,** der in manchen Bars auch **Blue Laguna** heißt.
Für die Party kann man den White- oder Blue-Lady-Mix vorbereiten, in Flaschen füllen und kalt stellen. Dann bei Bedarf nur noch über ein bisschen crushed ice gießen oder mit Sekt auffüllen.

Gin Tonic

erfrischend

4 Eiswürfel
4 cl Gin
1 TL Limettensaft
etwa 150 ml Tonic Water (unbedingt vorgekühlt!)

Ein Longdrinkglas mit den Eiswürfeln füllen. Gin und Limettensaft darüber gießen und alles gut mit einem Löffel umrühren.
Mit dem Tonic Water auffüllen und nochmals sanft umrühren.

Grand Passion

(ohne Bild)
fruchtig

4 Eiswürfel
5 cl Gin
3 cl Maracujanektar
1–2 Spritzer Angostura

Eine Cocktailschale oder ein Becherglas mit den Eiswürfeln füllen und kurz ausschwenken, bis das Glas sehr kalt ist.
Eiswürfel in den Shaker geben, Gin und Nektar auch. Angostura dazu, dann alles kräftig schütteln. Durch das Sieb in das gekühlte Glas abseihen.

Basic-Rezepte zum Verwandeln

(ohne Bild)

Fizz

DIE BASIS: 5 cl Basic-Spirit (z. B. Gin), 3 cl Zitronensaft und 2 cl Zuckersirup im Shaker mit 4 haselnussgroßen Eiswürfeln lange und gründlich schütteln. Cocktail durch ein Sieb in ein Longdrinkglas abseihen und mit Sodawasser auffüllen.

DIE VERWANDLUNG: Der **Gin Fizz** ist der Klassiker, der durch Zugabe von 1 TL Eiweiß zu einem **Silver Fizz,** durch 1 TL Eigelb zum **Golden Fizz** wird.

Collins

DIE BASIS: 5 cl Basic-Spirit (z. B. Gin), 3 cl Zitronensaft und 2 cl Zuckersirup im Longdrinkglas mit 4 Eiswürfeln gut verrühren. Mit Sodawasser auffüllen.

DIE VERWANDLUNG: Klassiker ist der **Tom Collins** mit Gin. Je nach Basic-Spirit ändert sich der Vorname vom Collins: mit Wodka wird's der **Joe Collins,** mit Cognac heißt er **Pierre Collins.** Rum = **Pedro Collins,** Scotch = **Sandy Collins,** irischer Whiskey = **Mike Collins,** Bourbon = **Colonel Collins,** kanadischer Whisky = **Captain Collins,** Calvados = **Jack Collins,** Tequila = **Pepito Collins,** Grappa = **Livia Collins.**

Fix

DIE BASIS: Saft von 1/2 Zitrone, 1 cl Zuckersirup und 5 cl Basic-Spirit (z. B. Gin) oder ein Mix aus 3 cl Basic-Spirit (z. B. Gin) und 2 cl Curaçao in einem Becherglas auf 4 EL crushed ice verrühren. Mit 1 Zitronenscheibe garnieren und mit Strohhalm servieren.

DIE VERWANDLUNG: Klassiker ist der **Gin Fix** aus Gin und Curaçao. Lecker auch der **Rum Fix** aus weißem Rum und Curaçao oder der **Whisk(e)y Fix** aus 5 cl Whisk(e)y. Beim **Brandy Fix** wird der Curaçao durch etwas weniger Kirschlikör ersetzt: 1 cl Kirschlikör, 4 cl Brandy.

li: Gin and It_re: Barfly's Dream

li: Cherry Baby_re: Cool Summer

Gin and It

bitter-süß

3 cl Gin
3 cl Vermouth Rosso

Gin und Vermouth in einem kleinen Glas mischen und im Kühlschrank gut vorkühlen. Das Cocktailglas im Tiefkühler kalt werden lassen, bis es beim Herausnehmen beschlägt.
Die eiskalte Gin-Vermouth-Mischung aus dem Kühlschrank holen, ins Glas gießen und sofort genießen.

Barfly's Dream

anregend

2 cl Gin
2 cl weißer Rum
2 cl Ananassaft
4 Eiswürfel

Gin, Rum und Ananassaft mit den Eiswürfeln im Shaker kräftig durchschütteln und durch ein Sieb in eine Cocktailschale abseihen.
TIPP: Barflys, also Barfliegen, nennen sich alle passionierten Bar-Fans. Klingt ja auch schöner als Barhocker, oder?

Cherry Baby

fruchtig

3 Scheiben von einer unbehandelten Orange
2 Spritzer Orangebitter
100 ml Kirschnektar
2 cl Kirsch- oder Zuckersirup
4 EL crushed ice
etwa 8 cl Sodawasser

Die Orangenscheiben in kleine Stückchen schneiden und in ein Becherglas legen.
Mit dem Orangebitter würzen und mit einem Löffel leicht zerdrücken. Kurz durchziehen lassen.
Kirschnektar und Sirup im Elektormixer mit dem crushed ice aufmixen und durch ein Sieb über den Orangen abgießen. Mit Soda auffüllen, vorsichtig umrühren, das war's.

Cool Summer

erfrischend

etwa 1 Hand voll crushed ice
4 cl Orangensaft
1 Spritzer Angostura
etwa 4 cl Zitronenlimonade

Ein kleines Becherglas zur Hälfte mit crushed ice füllen. Den Orangensaft darüber gießen und mit Angostura würzen, umrühren.
Mit der Zitronenlimonade auffüllen, Drink schlürfen und von einer kühlen Brise an einem heißen Sommertag träumen.

Hennessy

DDR

Brandy

Wo Wein wächst, wird auch Weinbrand destilliert. Und damit gemixt.

Der Rebstock ist ein Wunderwerk der Natur. Das steht – zugegeben: ein wenig anders formuliert – schon in der Bibel, ist aber auch heute noch wahr. Denn am Rebstock wachsen die Trauben, die aus aromatischen Beeren bestehen. Daraus kann man unwahrscheinlich viele verschiedene Getränke herstellen, die alle als Grundlage für heiße oder coole Drinks taugen – neben Traubensaft und Wein sind das alleine vier verschieden schmeckende Schnäpse! Aus der ganzen Traube entsteht Traubenbrand, ein Obstbrand. Nach dem Abpressen der Trauben für Saft oder Wein bleiben die Schalen übrig: Daraus wird Trester gebrannt, der in Italien Grappa und in Frankreich Marc heißt. Auch die Hefe, die den Saft zu Wein vergärt, kann man brennen. Dieses Destillat nennt man dann Hefe- oder Gelägerbrand und ist eher eine deutsche Spezialität. Aus dem Wein wird Weinbrand destilliert, der in der Bar ganz anglophil und weltoffen Brandy genannt wird – egal, wo er herkommt. Dass die Weinbrände mancher Regionen Welterfolge (Cognac!) wurden, während andere in obskurer Stille ihr Dasein fristen, hängt übrigens weniger mit der angewandten Destillationstechnik als mit dem Ausgangsprodukt zusammen. Der ideale Wein zum Brennen ist kein Wein, den der Weinkenner genussvoll trinken möchte: er ist dünn, säurebetont und alkoholarm. Wirklich: den Wein für Cognac kann man nicht trinken, er schmeckt wie Essig. Der Weinbrand dann wie Ambrosia. Und weil das so ist, taugt von allen Traubendestillaten der Brandy mit seiner sanften, weinigen Note und seinem warmen, fülligen Charakter zum Mixen.

»Was war denn in den Swinging Sixties der Nabel der Welt?«
»Die Carnaby Street in London. Das waren wilde Zeiten!«
»Echt?« »Bestimmt. Komm, lass uns eine Retro-Party feiern. Mit Drinks wie damals.«

Doc. Alex

Pisco ist nicht gleich Pisco. Aber immer in.

Wein aus Chile ist trendy. Da ist klar, dass auch der aus dem Wein gebrannte Weinbrand nicht vergessen wird. Dass dieser Brandy aber nicht bei den verstaubten Digestifs landete, sondern in Bars das Nightlife aufmischt, liegt an einem Cocktail: dem Pisco Sour. Okay, Pisco aus Chile ist außerdem ein Weinbrand, der nicht im Fass lagert und deshalb eher wie Cachaça schmeckt. Wenn auch mit der typischen Fruchtigkeit der Weintraube. Pisco aus Peru ist sogar ein Tresterbrand aus den Schalen der Traube, so wie Grappa, und schmeckt besonders würzig. Und genau das ist es, was den Pisco Sour so fancy macht. Er ist easy: 4 cl Pisco, 2 cl Zitronensaft und 1 TL Zuckersirup shaken, abseihen und auf Eis genießen. Ein erfrischender und magischer Drink: mit Pisco wird aus dem simplen Drinkklassiker Sour eine Latino-Experience. Aber Achtung! Nie zu viel davon trinken! Sonst führt sich der Kopf am nächsten Morgen auf wie ein chilenisches Maultier: störrisch und misslaunig.

Das passt zu Brandy:

Warm, weich, golden und sinnlich: Brandy ist wirklich so, wie es manch eine Werbung verspricht. Wer den Brandy allerdings nicht langsam im Glas schwenken will, sondern schnell im Shaker schütteln, liegt noch viel richtiger – Brandy ist top, wenn es ums Mixen geht. Denn Brandy ist ein geborener Schauspieler, der sich in jeder Rolle zurechtfindet. Etwa als …

… hip teen: Summertime. Brandy im Iced Tea. Die Sonne brennt. Brandy kühlt. Alles, nur nicht das pochende Herz.

… jugendlicher Liebhaber: Brandy, Fruchtsaft und Zitronenschale. Aufregend. Erfrischend. Jung & wild. Brandy gibt Tiefe, der Fruchtsaft Frucht und die Zitronenschale (kurz anpressen, dann ab damit ins Glas) sorgt für den nötigen Pfiff.

… Verführer: Brandy, Likör und Sahne. Das perfekte Dream-Team für alle süßen Romantik-Drinks. Klassiker ist der Alexander mit Schokoladenlikör. Aber auch alle anderen Liköre zeigen sich von ihrer besten Seite, wenn sie mit Brandy und Sahne zu gleichen Teilen gepaart werden.

… Gentleman von Welt: Brandy mit Angostura – tropfenweise pikante Gewürzessenz aus der Karibik. Dazu der gesetzte Charme des Weinbrands. Das Ganze mit Sekt oder Selters aufgefüllt. Elegant. Rassig. Cool.

… Seelentröster: Manchmal brauche ich Liebe … Wärme … Geborgenheit … But no! Bei aller Liebe zu den Spirits – das hole ich mir lieber von lieben Menschen. Aber Brandy darf den Wellness-Moment unterstützen. Zum Beispiel im alten Hausmittel: heiße Milch mit Honig. Mit so viel Brandy drin, dass der Kiddie-Drink toll schmeckt. Dann schlaf ich ein. Und am nächsten Morgen? Da scheint für mich wieder die Sonne.

Weinbrand wird fast immer im Fass gelagert.

Und bekommt daher die goldene Farbe, vor allem aber einen feinen Vanille-, Marzipan- und Nussgeschmack. Je länger der Brandy im Fass bleibt, desto stärker werden diese Aromen und übertönen dann die Fruchtigkeit, die von den Trauben kommt. Das ist toll zum Purtrinken, aber in Cocktails sind alte Brandys fehl am Platze – vom hohen Preis mal ganz abgesehen. Bis 3 Jahre Lagerung ist Brandy »jung« und deshalb Basic-Bar-tauglich. Dann steht auf dem Etikett »VS« für »Very Special« – das wurde in Cognac, einer kleinen Stadt in Frankreich, so eingeführt – oder eine Altersangabe.

Das schmeckt zu Brandy:

Ohne Käsespießchen keine Retro-Party. Damit die zwar retro, aber nicht rückständig sind, stecke ich feinwürzigen Bergkäse statt geschmacklosen Gouda auf meine Zahnstocher, immer abwechselnd mit Paprika, Oliven, Cashewnüssen und Silberzwiebeln statt der Weintrauben von damals. Dazu gibt's einen Hähnchensalat wie früher, als die ersten Ananaskonserven per Schiff aus Hawaii eintrafen. Dafür Hühnerfleisch, Ananas, Gemüsepaprika, Käse und Nudeln mit einem Mayodressing anmachen, das seine leichte Süße aus Ananassaft und Ketchup bezieht. Mit viel Pfeffer würzen und mit Cocktailkirschen garnieren.

Brandy plus:

Mama mistet aus, wir stauben ab. Die vielen Flaschen aus der alten Hausbar. Die sind bestimmt noch aus den 60ern. Egal, ist die Flasche zu, bleibt alles jung. Also mitnehmen. Ist aber nur krudes Zeug. Nie gehört. Aber trinkbar, sonst wär's ja nicht verkauft worden, damals. Hm, der Etat gibt jetzt noch eine Flasche Brandy her. Also gut, was haben die in den Sixties noch mal gemixt? Den Banana Bliss: halb Brandy, halb Crème de Bananes, geshaked. Kirsche nicht vergessen. Süüüß. Oder den Bénédictine: 1 1/2 cl Zitronensaft, 1 1/2 cl Bénédictine, 3 cl Brandy. Auch shaken. Spicy! Oder Legion d'Honneur: 1 cl Brandy, 1 cl Curaçao, 4 cl Vermouth Rosso. Shaken und mit 1 Tropfen Fernet würzen. Den hat Mama behalten? Für die Verdauung? Okay, dann geht stattdessen auch 1 cl Orangensaft. Dann wird daraus der Algerie. Wie? Auch noch Eierlikör? Gut, dann den Far West. 2 Spritzer Angostura, 2 cl Vermouth Dry, 2 cl Eierlikör und 2 cl Brandy. Auf Eis schütteln, abseihen, mit Zimt bestäuben.

So wird mit Brandy gefeiert:

Brandy ist zeitlos. Den mochte schon der Ur-Opa, die Oma hat verschämt daran genippt und unsere Alten haben damit wilde Feste gefeiert. Nicht so coole Houseparties wie heute, sondern richtig heiße Feten. War halt eine Zeit des Aufbruchs: weg mit den Ketten, Freiheit, hier kommen wir! Rock'n Roll, Swinging Sixties, Easy Rider – 20 Jahre Aufruhr. Können wir heute nachfühlen. Mit einer Retro-Party. Die Deko: viel Schwarz und Kerzen. Existenzialistenkeller. Kostüm: hautenge Wollkleider für sie, schwarzer Rolli, schwarze Jeans für ihn. Das Gesprächsthema: politisch. Am besten gemeinsam von einer neuen Zukunft träumen. Die Drinks: Shortdrinks mit Brandy und Schirmchen. Longdrinks aus Softdrinks – Bitter Lemon, Ginger Ale, Tonic Water, war damals alles nagelneu erfunden und passt(e) prima zum Brandy.

li: Cool Breeze_re: Brandy Cocktail

li: Sidecar_re: Alexander

Cool Breeze

anregend

1 TL schwarze Teeblätter
etwa 1 Hand voll crushed ice
4 cl Brandy
2 cl Curaçao Triple Sec
Saft von 1/2 Zitrone
2 TL Zuckersirup
2 kleine Scheiben Pfirsich oder
2 Cocktailkirschen

Die Teeblätter in eine Tasse geben. Wasser aufkochen und den Tee in der Tasse aufbrühen. Ziehen lassen, bis ein sehr starker Schwarztee entstanden ist. Dann abgießen und den Tee in den Kühlschrank stellen und kalt werden lassen.
Dann vom Tee 4 cl abmessen. Ein Longdrinkglas zur Hälfte mit crushed ice füllen. Brandy, Curaçao Triple Sec, Tee und Zitronensaft über das Eis gießen und gut umrühren.
Mit Zuckersirup abschmecken, die Pfirsichscheiben oder Kirschen mit ins Glas geben. Mit einem kleinen Löffel, einer Kuchengabel oder einem Cocktail-Picker und einem Strohhalm servieren.

Brandy Cocktail

klassisch

3 cl Brandy
2 cl Vermouth Rosso
4 Eiswürfel
2 Spritzer Angostura
1 Scheibe von einer unbehandelten Zitrone
1 grüne Olive (im Sud eingelegt)

Den Brandy und den Vermouth in ein Rührglas gießen, die Eiswürfel dazugeben. Mit Angostura abspritzen und anschließend gut verrühren.
Den Cocktail durch ein Sieb in ein Cocktailglas abseihen. Die Zitronenscheibe leicht über dem Cocktail andrücken, bis etwas Saft austritt, dann mit der Olive ins Glas werfen.

Sidecar

fruchtig

4 Eiswürfel
3 cl Brandy
1 1/2 cl Curaçao Triple Sec
1 1/2 cl Zitronensaft (am besten frisch gepresst)

Alle Zutaten im Shaker gut durchschütteln, bis der Shaker außen beschlägt. Den Cocktail durchs Sieb in ein Glas abseihen.
TIPP: Ein Cocktail wie ein Abend in New York. Kein Wunder, denn von dort aus eroberte er die American-Bars der ganzen Welt.

Alexander

cremig

2 cl Brandy
2 cl weißer Crème de Cacao
2 cl Sahne
4 Eiswürfel
frisch geriebene Muskatnuss

Brandy, Crème de Cacao, Sahne und Eis im Shaker schütteln, bis dieser beschlägt. Dann ist auch der Alexander cremig.
Durch ein Sieb in eine Cocktailschale abseihen und mit Muskatnuss bestreuen.

Floater

li: American Beauty_re: Adam and Eve

li: Bombay on the Rocks_re: Olympic

Floater

erfrischend

4 Eiswürfel
etwa 150 ml Mineralwasser
(mit wenig Kohlensäure)
2–4 cl Brandy (am besten Cognac)

Ein Longdrinkglas mit dem Eis füllen und das Wasser darüber gießen. Umrühren, bis das Wasser kalt ist. Dann kurz stehen lassen, bis sich die Oberfläche etwas beruhigt hat.
Einen Esslöffel mit der Rundung nach oben innen an den Glasrand halten. Vorsichtig den Brandy so über den Löffelrücken auf das nur noch ganz leicht sprudelnde Wasser gießen, dass er darauf schwebt.
TIPP: Der Floater ist die angesagte Retro-Variante des französischen Klassikers **Fine à l'eau** aus den Fünfzigern. Wer alte Film noirs liebt, kennt diesen Drink bestimmt. Damals war es üblich, in Bistros kaltes, stilles Wasser in speziellen Fine-à-l'Eau-Flaschen mit einem Cognac zu servieren. Der Gast mischte sich das Wasser und den Cognac selbst im Glas. »Fine« ist übrigens die Abkürzung für »Fine Champagne« und bezeichnet eine gute Cognac-Qualität.
Heute sind die Fine-à-l'Eau-Flaschen rare Sammlerstücke und Cognac wird mit Ginger Ale oder Zitronenlimo statt mit Wasser aufgegossen. Klingt merkwürdig, ist aber lecker.

American Beauty

mild

2 cl Brandy
1 cl Vermouth Dry
2 cl Orangensaft
1 Spritzer Grenadinesirup
4 Eiswürfel
1 cl roter Portwein

Brandy, Vermouth, O-Saft, Grenadine und Eis shaken und durchs Sieb in ein kleines Weinglas abgießen. Kurz stehen lassen.
Dann einen Esslöffel mit der Rundung nach oben innen an den Glasrand halten und den Port aus einem kleinen Glas langsam über den Löffelrücken laufen lassen.

Adam and Eve

klassisch

4 Eiswürfel
2 cl Brandy
2 cl Gin
2 cl Curaçao Triple Sec

Alle Zutaten im Shaker gut durchschütteln. Durch den gelochten Shakerdeckel oder ein Sieb in ein Cocktailglas abgießen.

Bombay on the Rocks

würzig

3 cl Brandy
1 1/2 cl Vermouth Dry
1 1/2 cl Vermouth Rosso
1 Spritzer Pastis
1 Spritzer Curaçao Triple Sec
6–7 Eiswürfel

Alle Zutaten im Shaker mit wenig Eis – also nur 2 Eiswürfeln – kräftig schütteln.
Die übrigen Eiswürfel in ein großes Becherglas füllen. Den Cocktail durch das Sieb darüber gießen – und auf Eis servieren.

Olympic

fruchtig

6 Eiswürfel
2 1/2 cl Brandy
2 1/2 cl Curaçao Triple Sec
2 1/2 cl Orangensaft (frisch gepresst)

Eine Cocktailschale im Tiefkühlgerät kalt stellen, bis das Glas eiskalt ist.
Brandy, Curaçao Triple Sec und Saft im Rührglas mit dem Eis verrühren und durchs Sieb in die Cocktailschale abseihen.

Basic-Rezepte zum Verwandeln

(ohne Bild)

Sour

DIE BASIS: 5 cl Basic-Spirit (z. B. Brandy), 3 cl Zitronensaft und 2 cl Zuckersirup im Shaker mit 4 Eiswürfeln schütteln und durch ein Sieb in ein Cocktailglas abseihen.

DIE VERWANDLUNG: Top of the Bar ist der **Brandy Sour** mit Brandy. Mit Whisk(e)y wird er zum **Whisk(e)y Sour,** der auch nicht zu verachten ist.

Julep

DIE BASIS: 2–3 Minzezweige mit etwas Zuckersirup in ein großes Becherglas füllen und mit einem Löffel zerdrücken. Kurz ziehen lassen. Die Minze entfernen, das Glas zu vier Fünfteln mit crushed ice auffüllen. 4 cl Basic-Spirit (z. B. Brandy) zugeben und umrühren, bis das Glas beschlägt. Mit frischen Minzeblättchen und Früchten nach Lust und Laune garnieren.

DIE VERWANDLUNG: Klassiker ist der **Mint Julep** mit Brandy. Belebend sind auch die Versionen mit weißem Rum, Wodka, Gin. Witzig der **Southern Comfort Julep,** der mit Pfirsichstücken und einer Cocktailkirsche garniert wird.

Sling

DIE BASIS: 5 cl Basic-Spirit (z. B. Brandy) in einem großen Becherglas auf 4 EL crushed ice verrühren. 2 cl Sirup (Zucker- oder ein Fruchtsirup) und 2 cl Zitronensaft dazugeben und mit Tee oder Saft nach Belieben oder Sodawasser auffüllen.

DIE VERWANDLUNG: Slings werden immer nach Städten benannt: wie der **Baltimore Sling** aus Brandy, Grenadinesirup und Limettensaft – mit Apfelsaft aufgegossen. Intensiv nach Zitrusfrüchten schmeckt der **Bombay Sling** mit Curaçao Triple Sec, Zuckersirup und Zitronensaft – mit Soda verlängert.

li: Green Girl_re: Speedboat

li: Matador_re: French Fruit Punch

Green Girl

erfrischend

2 cl Blue-Curaçao-Sirup
2 cl Zitronensaft
2 cl Orangensaft
2 Eiswürfel

Den Blue-Curacao-Sirup, den Zitronensaft, den Orangensaft und die Eiswürfel in einen Shaker geben.
Alles kräftig schütteln und durch ein Sieb in ein kleines Weinglas oder eine Cocktailschale abgießen.
TIPP: Wer mag, kann noch 1 dünne Spalte von einer unbehandelten Orange oder auch Zitrone mit ins Glas geben.

Speedboat

süß

8 haselnussgroße Eiswürfel
4 cl Maracujanektar
2 cl Maracujasirup
4 cl Milch
6 cl Bananennektar
2 cl Blue-Curaçao-Sirup

Alle Zutaten in den Shaker füllen und so lange schütteln, bis der Shaker außen beschlägt.
Dann durch ein Sieb in ein Longdrinkglas abseihen. Mit einem bunten Strohhalm (oder auch zwei Halmen) servieren.
TIPP: Ein Smoothie aus der Karibik, dessen Erfinder durch die holländischen Inseln inspiriert wurde, zu denen Curaçao gehört.

Matador

mild

2 cl Brandy
8 cl Milch
Zuckersirup nach Geschmack
4 Eiswürfel
Zimtpulver
frisch geriebene Muskatnuss

Den Brandy im Shaker mit der Milch mischen und mit dem Zuckersirup abschmecken.
Eiswürfel dazugeben, den Shaker schließen und den Drink schaumig schütteln. Durch ein Sieb in ein Becherglas (eine Cocktailschale ist aber auch sehr hübsch) abseihen.
Mit Zimtpulver bestäuben und etwas Muskatnuss darüber streuen.

French Fruit Punch

fruchtig

1 cl Brandy
1 cl Curaçao Triple Sec
8 cl Ananassaft
6 cl Orangensaft
2 cl Grenadinesirup
4 EL crushed ice
ein paar kleine Stücke frische Tropenfrüchte (besonders gut passt natürlich Ananas)

Brandy, Curaçao Triple Sec, Säfte, Sirup und crushed ice im Elektromixer bei Höchstgeschwindigkeit kurz schaumig rühren.
Den Cocktail in ein Longdrinkglas (ein großes, bauchiges Glas sieht besonders nett aus) füllen. Fruchtstücke auf einen langen Spieß stecken und in den Cocktail geben. Santé!
TIPP: Dieser herrliche Drink kommt von den französischen Karibik-Inseln Martinique und Guadeloupe – chic und lazy zugleich.

Red Label
Old Scotch Whisky

whisk(e)y

Whisky oder Whiskey ist nicht nur eine Frage der Schreibweise.

Whisk(e)y ist gebranntes Bier. Mehr über Bier steht auf Seite 117. Wann der erste Brenner auf die Idee kam, Bier zu destillieren, weiß man nicht. Aber es wird nicht lange gedauert haben, bis es jemand versuchte: war doch Bier viel billiger als Wein und das daraus entstandene Destillat genauso lecker. Vermutlich passierte das im gälischen Sprachraum, also in Irland oder Schottland, denn das Wort Whisky stammt vom gaelischen »Uisge Beatha« (sprich: Whiske ba) ab – Lebenswasser. Als vor etwa 200 Jahren die ersten Rechtschreibregeln aufgestellt wurden, entschieden sich die Schotten für Whisky ohne, die Iren für Whiskey mit »e«. Das ergab Sinn, schließlich waren sich die beiden Landstriche auch bei der Whisk(e)y-Herstellung nicht einig. Und die aus Schottland bzw. Irland nach Amerika und Kanada ausgewanderten Whisk(e)y-Brenner machten es so, wie sie wollten. Die Schotten brennen zwei Whisky-Typen: Malt Whisky aus gemälzter, nach Torfrauch duftender Gerste in der diskontinuierlichen Pot Still (*) und Grain Whisky aus ungemälzter Gerste in der kontinuierlichen Patent Still (*). Der Mix aus beidem heißt Blended Scotch Whisky oder kurz Scotch. Irische Whiskeys werden aus Gerste destilliert, die nicht nach Rauch riecht, und sind deshalb milder. Bourbon und Tennessee Sour Mash aus den USA wird meistens aus Mais, Gerste und Roggen in der Patent Still destilliert, kanadischer Whisky aus einer ähnlichen Mischung in Pot Stills oder Patent Stills. Allen gemeinsam: Whisk(e)y wird im Fass gelagert und bekommt daher seine goldgelbe Farbe. (* nähere Erklärung siehe Glossar)

»Lass uns ausgehen.« »Wohin?« »In ein tolles Pub mit traumhaften Whisky-Cocktails. Hol' schon mal deinen Pass.« »Wieso denn das?« »Wir fliegen nach Schottland. Oder kennst du hier so ein Pub?«

Doc. Alex

Das Geheimnis der Aktivkohle

Aktivkohle im Whisk(e)y? Da schüttelt man sich ja bei dem Gedanken. Und Wolldecken werden auch noch gebraucht? Damit soll der Whisk(e)y besonders toll werden, wie die Hersteller in Tennessee immer behaupten, in deren Destillen es immer noch so zugeht wie vor 100 Jahren? Kaum zu glauben. Stimmt aber. Aktivkohle wird für ein wirksames mechanisches Filterverfahren benutzt. Die Kohle besitzt eine sehr feinporige Oberfläche, in der sich jede auch noch so kleine Verunreinigung festsetzt. Nach diesem Prinzip arbeiten auch die Umluft-Küchenabzugshauben. In Tennessee nimmt man Holzkohle aus Ahorn, die 3–4 Meter übereinander geschichtet wird. Bei diesem »Mellowing« (das heißt Weichmachen) werden alle unreinen Bestandteile herausgefiltert, während das Destillat umgekehrt eine milde Süße annimmt, die aus dem freigesetzten Zucker der Holzkohle stammt. Das dauert ungefähr 5 Tage. Und die Wolldecke? Hält den groben Schmutz zurück, damit die teure Aktivkohle nicht so schnell ausgetauscht werden muss.

Welcher Whisk(e)y geht zum Mixen?

Viele Cocktail-Klassiker wurden für bestimmte Whisk(e)y-Sorten erfunden – und schmecken nur dann wie das Original, wenn der vorgeschriebene Whisk(e)y verwendet wird. Mit Whisk(e)y aus Kanada oder Irland klappt das Mixen aber fast immer: Sie haben das volle Whisk(e)y-Aroma, sind aber besonders mild und weich – und somit klasse kombinierfähig. Malts und lange gereifte Whisk(e)ys sind pur und zimmerwarm am besten für den Gaumen, jüngere eignen sich auch zum Purtrinken auf Eiswürfeln.

Das passt zu Whisk(e)y:

Erstaunlich, wie aus amerikanischen Hinterwäldlern, groben Flachlandiren und rauen Bergschotten echte Gentlemen werden, sobald man sie mit vornehmen Likören, verfeinerten Weinen, fruchtigen Säften oder frischen Kräutern zusammenbringt.

Bourbon & Tennessee Sour Mash:

Die aus der Mitte der USA stammenden Whiskey-Sorten besitzen dank der Art der Fasslagerung ein deutliches Vanillearoma. Sie passen deshalb zu allen süß-fruchtigen Säften, zu sahnigen Likören und mit Gewürzen und Kräutern aromatisierten Aperitifweinen. Mit Zitrone, Minze und Ginger Ale wird aus den US-Boys die Grundlage für erfrischende, belebende Südstaaten-Drinks.

Scotch: Malt Whisky ist zum Mixen einfach zu schade. Zudem sind die Malts Individualisten und bringen jeden Drink in Aufruhr. Scotch dagegen ist mit leichtem, mildem Grain Whisky gezähmter Malt Whisky. Immer noch ein Charakterkopf, aber mit Teamgeist. Gut in Kombination mit Würz- oder Fruchtlikören, herben Fruchtsäften und bitter-süßen Softdrinks.

Irish Whiskey: Sanft, mild, weich und trotzdem unverkennbar ein Whiskey, auch wenn die Rauchnote fehlt. Irish Whiskey passt zu allen fruchtbetonten Cocktails, gerne zusammen mit Rum oder Cachaça. Seine angestammten Partner sind allerdings Sahne (wie beim Irish-Cream-Likör) und Kaffee (wie beim Irish Coffee). Der darf gerne auch als Kaffeelikör daherkommen.

Kanadischer Whisky: Wird wegen seiner zarten Fruchtigkeit gerne »Ton-in-Ton« gemixt, um diese Eigenschaft zu unterstreichen. Etwa wird mit Ahorn- statt mit Zuckersirup gesüßt. Oder mit fruchtigem Curaçao ergänzt. Statt mit Zitrone mit Orange oder Orangebitter pikant abgeschmeckt. Oder gewagter mit 2 Spritzern Pastis.

Das schmeckt zu Whisk(e)y:

A night at the pub ist kulinarisch ganz einfach und unglaublich lecker. Denn in Pubs gibt's die besten Sandwiches der Welt, wie etwa Vollkornsandwiches mit Frischkäse, Räucherlachs und 1 hauchdünnen Scheibe Limette (am besten Frischkäse vorher mit ein wenig Limettensaft und schwarzem Pfeffer abschmecken). Oder Putenbrustsandwich mit feiner Cumberlandsauce. Dazu Wildpreiselbeeren mit scharfem Senf, Orangensaft, Pfeffer und 1 Schuss Ruby Portwein abschmecken. Brot leicht buttern, mit gebratener Putenbrust belegen und mit der Cumberlandsauce bestreichen. Schmeckt wie im Pub an der Oxford Street.

Whisk(e)y plus:

Whisk(e)y-Cocktails gehören ins Stammrepertoire jedes Barkeepers, schließlich hat Whisky on the rocks lange genug die American-Bar und die Club-Lounges dominiert. Es bringt also garantiert Erfolg, Whisk(e)y mit allem zu kombinieren, was noch an flüssigen Erbschaften im Haus vorhanden ist. Immer gut: Whisk(e)y mit Vermouth. Etwa im Club Cocktail: 2 Spritzer Angostura, 2 Spritzer Grenadinesirup, 1 1/2 cl Vermouth Rosso, 4 1/2 cl Whisk(e)y shaken. Mit 1 Spritzer Zitronensaft und 1 Spritzer Curaçao wird aus Vermouth und Whisk(e)y der Churchill. 1 Spritzer Orangebitter, 1 Spritzer Grand Marnier und die Verwendung von Vermouth Dry statt Rosso ergeben den Boulevard. Prinzip verstanden? Whisk(e)y mit Vermouth zähmen und kreativ noch einen Hauch Aroma hinzufügen. Oder Whisk(e)y mit Likör abmildern: vielleicht Ton in Ton wie beim Breamer? Dazu 2 cl Whisk(e)y-Likör Drambuie mit 2 cl Whisk(e)y und 2 cl Vermouth Dry shaken. Oder als Aromamix wie beim Conchia: 1 cl Whisk(e)y, 2 cl Vermouth Dry und 3 cl Blue Curaçao shaken und mit 1 Spritzer Zitronenschale vollenden.

So wird mit Whisk(e)y gefeiert:

Also, auf Fluggesellschaften ist doch kein Verlass. Dass wir das Shuttle nach Edinburgh verpasst haben ... Okay, sind wir halt wieder daheim. Und feiern hier eine night at the pub. Deko: Schottenkaros. Oder englisches Grün. Dezentes Licht. Ein Kamin wäre klasse, aber Kerzen sind auch toll. Kostüm: Pubwear ist casual, also britisch-bequem – das Twinset für sie, Segelpulli oder Blazer für ihn. Die Drinks: Whisky, of course. On the rocks, als Shortdrink oder mit Non-Alcoholics verlängert. Auf der Insel gibt's alle Softdrinks in kleinen Fläschchen, als Drinkportion. So wie im Flugzeug (werde schon wieder grantig, wenn ich daran denke!). Wir nehmen halt die großen Flaschen. Das hat den Vorteil, dass wir viele Freunde einladen können und nachher nicht so viel zum Glascontainer schleppen müssen. Und dann geht's los. God save the Queen!

Old Fashioned

li: Manhattan_mi: Rob Roy_re: Affinity

Old Fashioned

erfrischend

je 1 Scheibe von einer unbehandelten Orange und Zitrone
1 Zuckerwürfel
1 Spritzer Angostura
5 cl Whisk(e)y (am besten Bourbon)
3 Eiswürfel
etwa 5 cl Soda- oder Mineralwasser
2 Cocktailkirschen

Die Orangen- und Zitronenscheibe halbieren und in ein großes Becherglas geben. Den Würfelzucker darauf legen und mit Angostura beträufeln.
Alles mit dem Löffel sanft zerdrücken. Den Whisk(e)y darüber gießen, die Eiswürfel hinzufügen und umrühren.
Mit Soda- oder Mineralwasser aufgießen (die Menge hängt vom persönlichen Geschmack ab; wer's erfrischender mag, nimmt mehr Wasser).
Die Kirschen ins Glas geben und den Cocktail langsam genießen. Wie in guten alten Zeiten.

Manhattan

würzig

4 cl Whisk(e)y (am besten Canadian Whisky)
2 cl Vermouth Rosso
1–2 Spritzer Angostura
4 Eiswürfel
1 Cocktailkirsche

Whisk(e)y, Vermouth und Angostura im Rührglas mit den Eiswürfeln energisch verrühren. Durchs Sieb ins Cocktailglas gießen.
Die Kirsche dazugeben, rühren und an die Zeiten zurückdenken, als der holländische Pionier Peter Stuyvesant den Indianern das Land am Hudson River abkaufte, das heute Manhattan heißt.

Rob Roy

würzig

3 cl Whisk(e)y (am besten Scotch)
3 cl Vermouth Rosso
4 Eiswürfel
2 Spritzer Angostura
1 Cocktailkirsche

Der schottische Nationalheld Rob Roy gab diesem Cocktail den Namen. Also: Video oder DVD des Films ausleihen und einen gemütlichen Abend vorbereiten. Das Sofa mit einer Schottenmuster-Decke bedecken und den Drink zubereiten:
Whisk(e)y und Vermouth im Rührglas mit den Eiswürfeln verrühren, dann den Drink durch ein Sieb ins Cocktailglas abseihen. Mit Angostura abspritzen und die Kirsche mit ins Glas geben.
Cocktail auf dem Sofa genießen, während Rob Roy für die schottische Freiheit eintritt. Und wer keinen Fernseher hat, der liest halt das gleichnamige Buch von Sir Walter Scott. Ist auch sehr spannend.

Affinity

klassisch

4 Eiswürfel
3 cl Whisk(e)y
1 1/2 cl Vermouth Rosso
1 1/2 cl Vermout Dry
2 Tropfen Angostura

Rührglas mit den Eiswürfeln füllen und den Whisk(e)y liebevoll darüber laufen lassen. Beide Vermouth-Sorten hinzufügen und den Cocktail mit etwas Angostura würzen.
Hart aber herzlich umrühren und durch ein Sieb in ein Cocktailglas abgießen.

li: Horse's Neck_re: Mint Julep

Bannockburn

li: Cablegramm Cooler_re: Louisiana

Horse's Neck

würzig

4 Eiswürfel
6 cl Whisk(e)y (am besten Bourbon)
etwa 100 ml Ginger Ale
lange, dünne Streifen aus der abgeschälten Schale einer unbehandelten Zitrone

Einfacher geht's nicht: Die Eiswürfel in ein bauchiges Cocktailglas legen, den Whisk(e)y darüber gießen und mit Ginger Ale auffüllen. Zitronenschale ans Glas hängen.

Mint Julep

anregend

mindestens 10 Minzeblättchen
1 Zuckerwürfel
6 cl Whisk(e)y (am besten Bourbon)
4 EL crushed ice
etwa 4 cl Sodawasser (kräftig sprudelndes Mineralwasser geht auch)

In einem Becherglas Minze und Zucker mit dem Stößel zerdrücken. Whisk(e)y dazugeben und sanft rühren, bis sich der Zucker aufgelöst hat. Mit dem Eis auffüllen und vorsichtig umrühren, bis das Glas außen vereist ist. Mit Soda nach Geschmack auffüllen.

TIPP: Wird der Julep nicht im Glas gerührt, sondern im Shaker geschüttelt, dann heißt der Cocktail **Mint Smash.** Und der geht so: Die Minze im Shaker zerdrücken. Zucker, Whisk(e)y und 4 Eiswürfel dazugeben, durchschütteln. Cocktailglas zur Hälfte mit dem crushed ice füllen und den Drink durch ein Sieb darüber gießen. Soda dazu, fertig.

Bannockburn

würzig

2 cl Whisk(e)y (am besten Scotch)
6 cl Tomatensaft
2 Eiswürfel
Salz
frisch gemahlener Pfeffer
ein wenig Worcestersauce

Whisk(e)y und Tomatensaft im Shaker mit den Eiswürfeln gut schütteln. Durch ein Sieb in ein Becherglas abseihen.
Mit Salz, Pfeffer und der Worcestersauce pikant abschmecken.
TIPP: Der Bannockburn ist die schottische Version der englischen **Bloody Mary** (die steht bei den Pick me ups auf Seite 133). Der Name erinnert an die Schlacht von Bannockburn im Jahre 1313. Das war der letzte große Sieg der Schotten über die Engländer.

Cablegramm Cooler

anregend

1 Hand voll crushed ice
2 cl Whisk(e)y
Saft von 1/2 Zitrone
2 TL Zuckersirup
4 Eiswürfel
etwa 100 ml Ginger Ale

Ein Longdrinkglas mit crushed ice füllen. Whisk(e)y, Zitronensaft, Zuckersirup und Eiswürfel im Rührglas verrühren, durchs Sieb ins Longdrinkglas abseihen. Alles noch mal kurz umrühren und mit Ginger Ale auffüllen.

Louisiana

süß

4 Eiswürfel
2 cl Southern Comfort
1 1/2 cl Vermouth Dry
4 1/2 cl Whisk(e)y (am besten Bourbon)
4 1/2 cl Zitronensaft
1 1/2 cl Pfirsichsaft
3 cl Orangensaft

Alle Zutaten im Rührglas verrühren, durchs Sieb in ein Longdrinkglas abseihen.

BOLS
CREME DE

Liköre

Sie sind schrill, peppig und frech. Und dabei sooooo süüüß...

Liköre gibt's in allen Farben des Regenbogens und auch noch in denen dazwischen. Liköre sind schillernd, schrill, vielfältig, unverwechselbar. Und eben unverkennbar süß. Likör kommt vom dem lateinischen Wort »lique-facere«, was schmelzen oder auflösen bedeutet – gerade diese perfekte Verschmelzung unterschiedlichster Geschmacksstoffe macht Liköre so unwiderstehlich. Ganz nüchtern betrachtet, wie es das Gesetz tut, ist Likör eine Spirituose, die unter Zusatz von Zucker oder Glukosesirup, Grundstoffen und Essenzen hergestellt wird und deren Extraktgehalt mindestens 10 g, in der Regel aber 22 g und mehr in 100 ml Likör enthält. Einfacher ausgedrückt: Liköre werden aus Alkohol, Süßungsmitteln (neben Zucker auch Honig oder Glukose), Aroma- und Farbstoffen hergestellt. Je mehr Extrakt, desto mehr Geschmack. Der Mindestalkoholgehalt eines Likörs liegt bei 14 % vol., der Höchstgehalt bei 50 % vol. Zwei Grundmethoden werden zum Herstellen von Aromastoffen und Essenzen angewendet. Bei der Mazeration werden die Früchte und Kräuter so lange in hochprozentigem Alkohol eingelegt, bis alle Aromen darin gelöst sind. Bei der Infusion werden die Grundstoffe zusammen mit neutral schmeckendem Alkohol destilliert, der entstehende Aromabrand gibt dem Likör Geschmack. Bis 1575 wurden Liköre in Klöstern und Apotheken hergestellt, dann erfand Lucas Bols aus Holland einen Kümmellikör und baute die erste Likörfabrik. Und heute? Gibt es nichts, was es nicht gibt. So wird der Supermarkt zum Regenbogenland.

»Sweets for my sweet, sugar for my honey…«
»Nö, heute bitte keine Torte.«
»Aber gerne was mit Sahne…«
»Okay, okay, ich hol schon mal den Irish Cream.«

Boom-Spirituose…

…der letzten 30 Jahre ist ein Likör. Welcher? Na, der Baileys natürlich. Der erste Cream-Likör. Er blieb nicht der letzte, denn sie sind sehr beliebt – die »Emulsionsliköre mit Sahne«, wie diese Liköre aus Alkohol, Milchfett, Zucker, Karamell, Zuckercouleur, Aromastoffen und Sahne im Amtsdeutsch schnöde heißen. Creams sind vielseitig und das ist gut so, weil sie selbst gekühlt nur kurz haltbar sind. Also pur trinken, auf Eis, mit Eis, als Topping zum Eis, im Kaffee, zum Kaffee. Oder im Cocktail. Übrigens: Cream-Liköre sind kalorienärmer als man denkt. Also ran!

Doc. Alex

Likör als Schichtkuchen

Shooter, Regenbogen, Couleur oder Scaffa: alles modische Namen für den Cocktail-Typ Pousse-Café, der vor 160 Jahren von französischen Likör-Fans erfunden wurde. Dabei werden bunte Liköre farbenprächtig im Glas aufeinander geschichtet. Wie das funktioniert? Der Trick ist, die unterschiedliche Schwere oder die physikalische Dichte der Liköre auszunutzen. Schwersten Likör nach unten ins Glas füllen und die leichteren vorsichtig in Schichten darüber gießen, dann schwimmen die leichteren auf den schwereren (dichteren) Likören so wie Fettaugen auf der Suppe. Zusätzlich hilft die Oberflächenspannung. Auf der Oberfläche des Likörs entsteht eine Grenzfläche, deren Spannung bei zuckerhaltigen Flüssigkeiten wie Likör besonders groß ist. Das ist ähnlich wie eine hauchdünne, zerbrechliche Glasplatte, die auf dem Likör liegt. Wird die neue Schicht vorsichtig so eingegossen, dass das Gewicht des neuen Likörs nicht zu schnell zu schwer für die unter Spannung stehende Oberfläche des unteren wird, bleibt jede Schicht für sich. Voilà, le Pousse-Café! (Wie's genau geht, steht hinten in der Klappe.)

Das passt zu Likör:

Jetzt wird's einfach: Jeder Likör passt zu Basis-Spirituosen, wenn man ihn mit einem verwandt schmeckenden Non-Alkohol ergänzt. Beispiel Curaçao: Curaçao Triple Sec und Blue Curaçao sind Orangenliköre aus der Karibik. 2 cl davon also mit der gleichen Menge Orangensaft entschärfen und mit 2 cl einer Basis-Spirituose nach Lust und Laune aufpeppen. Oder mit etwa 160 ml Orangensaft zu einem Longdrink verlängern. Prinzip ist klar? Na, dann los. Und so geht's mit…

…Fruchtlikören. Ton in Ton schmecken Fruchtliköre mit dem passenden Obstsaft im Cocktail. Mehrere Liköre vertragen sich dann, wenn sie auch im Obstsalat zusammengewürfelt werden könnten. Also: Orange (Curaçao), Banane (Crème de Bananes) und Kirsche (Kirschlikör) als süßer Cocktail. Mit Orangensaft, Bananen- und Kirschnektar verlängert als Longdrink.

…Crèmes. Das sind dickflüssige, beim Mixen unverzichtbare Klassiker. Aber Achtung: Sie enthalten pro Liter etwa 400 g Zucker, gelegentlich sogar noch mehr. Crèmes sind sehr süß und sollten durch bitter-süße Softdrinks oder herben Saft Kontrast bekommen. Auch Sahne mildert die Süße.

…Emulsionslikören. Das sind Liköre auf Basis von Alkohol, Zucker, Sahne, Milch, Eiern, Schokolade oder Kaffeeauszügen, die durch Zugabe von Emulgatoren homogenisiert wurden. Hier ist Schmeicheln angesagt: Am besten schmiegen sich sanfte Hochprozenter wie Brandy oder Wodka an, aber auch milde Säfte. Ideal für Romantiker.

…Kräuter-, Gewürz- oder Bitterlikören. Diese Kategorie ist meistens hochprozentig! Kräuterliköre wie Bénédictine, Chartreuse oder Galliano werden gerne für würzige Cocktails verwendet. Hier passt Brandy gut dazu. Angostura und Orangebitter nimmt man nur tropfenweise als Aromat, mit aromatischen Bitterlikören wie Boonekamp wird eher selten gemixt. Ausnahme ist der Fernet, der bei einigen Katerkillern wie der berühmten »Apotheke« (Seite 133) für Ordnung im Magen sorgt.

Das schmeckt zu Likör:

Handfestes und Liköre - das geht nur schwer zusammen. Eine Party mit Sweet Delights ist deshalb mehr Kaffeeklatsch als Cocktailparty. Damit es aber nicht zu viel wird, lieber Fruchtkuchen statt Cremetorte besorgen. Oder leichte Joghurtschnitten mit exotischem Obst. Auch lecker: Muffins. Besonders witzig: Muffins nach eigenem Geschmack backen und auskühlen lassen. Eine Packung Vanillecreme nach Angabe anrühren und mit Fruchtlikör aromatisieren und bunt färben. Muffins damit füllen und zu einem passenden Sahne-Likör-Cocktail servieren.

Likör plus:

Mit Likör kriegt man jede Basis-Spirituose klein, die einem nicht wirklich zusagt. Stört beim Gin das Wacholderaroma, so lässt sich das etwa gut wie im Sunny Side mit Crème de Cassis und Curaçao überdecken, da dann der Gin nur noch für die nötige Tiefe sorgt (je 2 cl auf Eis shaken). Mit Orangensaft aufgegossen wird daraus der Sunny Side up. Und beim Bourbon schaffen Southern Comfort und Ginger Ale wie im Southern Star Abhilfe (je 3 cl mit Eis shaken und mit Ginger Ale auffüllen). Oder Crème de Bananes und Sahne wie im The Melody (3 cl Bourbon, je 1 1/2 cl Sahne und Likör shaken) verwenden. Und hier noch ein paar Favorites, bei denen nichts kaschiert werden muss: aus 1 cl grünem Crème de Menthe, 1 cl Crème de Curaçao, 1 cl Galliano und 3 cl Brandy wird im Shaker der King's Man. Aus 1 1/2 cl grünem Crème de Menthe, 1 1/2 cl Zitronensaft und 3 cl Gin entsteht der Monte Carlo Imperial (shaken und mit Sekt aufgießen). Und aus 4 cl Baileys, 2 cl Amaretto und 6 cl Orangensaft wird im Shaker der Mandola gezaubert. Ach, Mandolinen im Mondschein ...

So wird mit Likör gefeiert:

Der Valentinstag ist zwar schon lang vorbei und der Geburtstag ist erst wieder im Dezember, aber weil ich dich heute so lieb habe, feiern wir eine Herzensparty. Die Deko: Herzen, Herzen und nochmals Herzen. Dazu Kissen, Konfetti und bunte Bonbons. Später dann Kerzenschein und funkelnde Gläser. Kostüm? Romantisch. Rüschen, Flitter, knisternde Stoffe. Die Drinks: alles mit Likör. Vieles mit Sahne. Dann aber auch Likör-Mixes mit spritzigem Sekt, frisch gepresstem Saft oder Soda. Eistee ist auch prima und passt mit einem Schuss Curaçao wieder perfekt zum Thema. Ich bin vorsichtig: was zu viel ist, ist nämlich zu viel. Deshalb hab ich unter dem Tisch den Campari (mehr darüber ab Seite 92) versteckt. Der ist so bunt wie ein Likör, wird mit Kräutern aromatisiert wie ein Likör, macht aber mit sanfter Bitterkeit wieder frisch nach meiner ach so süßen Orgie.

li: Raspberry Glace_re: Chocolate Coffee Frappé

li: Iceberg_re: One Ireland

li: Derby New Fashion_re: Caruso

Raspberry Glace

süß

4 EL Vanilleeis
2 TL Himbeersirup
6 Himbeeren (frisch oder tiefgekühlt)
1 TL Limettensaft

Alle Zutaten im Elektromixer cremig aufschlagen und in eine Cocktailschale füllen. Kurz im Gefrierfach anfrieren lassen und mit Strohhalm und Löffel servieren.

Chocolate Coffee Frappé

bitter-süß

2 cl Schokoladensirup
3 cl kalter Espresso
Zucker nach Geschmack
1 Hand voll crushed ice

Sirup und Espresso in einer Cocktailschale mischen und mit ausreichend Zucker gut süß abschmecken.
Mit crushed ice auffüllen und vorsichtig, aber gründlich verrühren, bis der Drink eiskalt ist und das Glas außen beschlägt.

Iceberg

erfrischend

4 EL Orangeneis
3 cl Galliano
1 cl Curaçao Triple Sec

Eine Sektflöte gut vorkühlen. Alle Zutaten im Eletromixer zu einer cremigen Mousse verrühren, ins Glas einfüllen. Noch mal kurz anfrieren lassen. Mit Löffel und Halm servieren.

One Ireland

süß

6 EL Vanilleeis
2 cl Baileys
1 cl Whisk(e)y (am besten Irish Whiskey)
1 cl grüner Crème de Menthe

Alle Zutaten im Elektromixer zu einem zarten Smoothie verrühren und in einer Cocktailschale mit Eislöffel und Strohhalm servieren.
TIPP: Ein Cocktail, der nicht nur lecker schmeckt, sondern auch der ideale Einstieg in eine »Celtic Party« ist. Allerdings sollte man diesen Drink nie in Irland bestellen, da er eindeutig Bezug auf die politische Situation im Land nimmt. Und man weiß ja nie, welche Gesinnung der Barkeeper hat.

Derby New Fashion

klassisch

4 cl Gin
1 cl grüner Crème de Menthe
1 Spritzer Curaçao Triple Sec
7–8 Eiswürfel
5–6 Minzeblättchen (ersatzweise geht auch Zitronenmelisse)

Gin, Crème de Menthe und Curaçao Triple Sec in einem Shaker mit 4 Eiswürfeln durchschütteln. Ein kleines Becherglas mit übrigen Eiswürfeln füllen und den Drink durch ein Sieb darüber abseihen.
Minzeblättchen zwischen den Fingern leicht zerdrücken und mit ins Glas geben.

Caruso

süß

4 Eiswürfel
2 cl Gin
2 cl Vermouth Dry
2 cl grüner Crème de Menthe

Alle Zutaten im Shaker kräftig schütteln, bis der Shaker außen beschlägt. Durch ein Sieb in ein passendes Shortdrinkglas abseihen.

li: Grasshopper_re: Harvey Wallbanger

Diana

Grasshopper

cremig

4 EL crushed ice
2 cl weißer Crème de Cacao
2 cl grüner Crème de Menthe
2 cl Sahne

Alle Zutaten im Shaker kräftig schütteln, bis der Shaker außen beschlägt. Dann sofort durch ein Sieb in eine Cocktailschale gießen, damit dieser weltberühmte Cocktail-Klassiker schaumig bleibt und nicht verwässert.

Harvey Wallbanger

mild

6 cl Wodka
2 cl Galliano
120 ml Orangensaft
4 Eiswürfel

Alle flüssigen Zutaten in ein Longdrinkglas gießen. Die Eiswürfel hinzufügen und alles mit einem langstieligen Löffel spiralförmig von unten nach oben verrühren.

TIPP: Der Harvey Wallbanger ist einer der beliebtesten Cocktails. Noch intensiver im Aroma wird er, wenn man den Wodka durch Tequila ersetzt. Dann heißt der Drink in den Bars übrigens **Freddie Fudpucker.** Beide Namen sind spöttisch gemeint und bedeuten in etwa »Kleinstadt-Versager«.

Diana

süß

6 cl grüner Crème de Menthe
etwa 2 EL crushed ice
3 TL Cognac

Den Pfefferminzlikör in eine Cocktailschale füllen und nur so viel crushed ice hinzufügen, dass das Eis vom Likör völlig bedeckt ist.
Den Cognac vorsichtig so darüber löffeln, dass zwei Farbschichten entstehen. Mit einem kurzen Strohhalm servieren und genüsslich erst den Minzelikör und dann den Cognac nuckeln.

TIPP: Wer den Diana ein wenig milder mag, nimmt statt des Cognacs den lieblicheren Brandy de Jerez.

Amaretto Sour

(ohne Bild)

anregend

2 cl Amaretto
2 cl Zitronensaft
2 cl Orangensaft
6 Eiswürfel
etwa 1 Schuss Sodawasser (kräftig sprudelndes Mineralwasser geht auch)

Den Amaretto mit dem Zitronen- und dem Orangensaft und außerdem auch noch 2 Eiswürfeln in einen Shaker geben und alles ziemlich kräftig durchschütteln.
Ein großes Becherglas mit den restlichen Eiswürfeln füllen und den Drink darüber durch ein Sieb gießen.
Mit Sodawasser abspritzen – am besten mit nur 1 Schuss, es darf aber auch mehr sein, wenn der Drink leichter sein soll. Aber nicht verwässern, sonst schmeckt der Amaretto Sour wirklich langweilig.

TIPP: Zu diesem belebenden Drink passen Cocktailkirschen als Deko ganz besonders gut. Welche zu Hause? Na, dann damit das Glas hübsch machen – und den Drink natürlich auch.

Schaumweine

Sie sprudeln, zischen und prickeln – und machen die Cocktails zum King.

Hier geht's um Sekt, Champagner, Spumante, Cava & Co. – Profis sagen dazu Schaumwein, weil er sprudelt. Im Gegensatz zu Stillwein. Das ist der normale Wein, der nicht perlt. Auch Schaumwein war mal Stillwein. Damit Sekt und Konsorten draus entstehen, wird ein Zucker-Hefe-Mix hinzugefügt. Sofort fängt die Hefe an, den Zucker in Alkohol zu verwandeln. Der Wein gärt noch mal und Kohlensäure entsteht, die nicht entweichen darf. Deshalb ist die Flasche (bei teuren Sekten wie Premium-Sekt und Schampus) oder der Tank (bei den preiswerteren Sekten) gut verschlossen und druckfest. Ist der gesamte Zucker umgewandelt, wird die Hefe wieder aus Flasche oder Tank geholt. Dazu gibt's technische Tricks, denn die Kohlensäure soll ja im Schaumwein bleiben und erst beim Öffnen zu Hause raussprudeln. Als Letztes kommt Versand-Likör oder Dosage dazu. Das ist ein Mix aus hochprozentigem Alkohol und flüssigem Zucker. Damit wird der Schaumwein auf Linie gebracht: gefragt ist die richtige Balance zwischen Süße und der Schärfe der Kohlensäure. Der Tank-Schaumwein muss nun noch unter Gegendruck in Flaschen abgefüllt werden. Dann werden die Flaschen verschlossen und das Etikett aufgeklebt. Fertig ist der Blubber. Der Beste seiner Art kommt von da, wo der Grundwein eine gewisse Frische durch die Fruchtsäure mitbringt. Also aus kühlen Weinanbaugebieten, weil die Fruchtsäure hitzeempfindlich ist. Bei uns kann Sekt (so heißt der Schaumwein in Deutschland) überall in bester Qualität produziert werden. In Frankreich, Spanien und Italien kommen die Spitzen-Schaumweine aus dem Norden: aus der Champagne und dem Elsass (Champagner und Crèmant d'Alsace), aus Katalonien (Cava) und aus Norditalien (Talento, gehört zu den italienischen Top-Spumante).

»La vie en rose…«
»Was is los?«
»Mir ist so nach einem richtigen Fest zumute. Mit Rosen, Schampus, Canapés und vielen Gästen.«
»Ich stell schon mal den Sekt kalt. Bügelst du das Hemd von meinem Anzug?«

Doc. Alex

Warum dreht sich der Kullerpfirsich?

Unsere Alten waren leicht zu erfreuen. Ein reifer Pfirsich und Sekt reichten aus, um ein begeistertes »Aahh« hervorzurufen. Davon träumt jeder Barprofi und deshalb ist der »Kullerpfirsich« (das Obst dreht sich im Glas) nicht totzukriegen. Dafür Pfirsich mit einer Gabel rundherum einstechen, in den Sekt legen und kurz abwarten. Plötzlich fängt der Pfirsich zu kullern an. Erst langsam, dann immer schneller. Zeitgeistiger ist das mit einer kleinen Kumquat. Am besten würde es mit einer Wassermelone in der Bowlen-Schüssel funktionieren, denn je größer die Kugel ist, desto leichter geht's. Was passiert aber? Ganz basic: Im Sekt ist seit der Vergärung Kohlensäure gelöst, die als Perlen langsam zur Oberfläche aufsteigt. Diese setzen sich in den Löchern im Obst fest, wollen aber immer noch nach oben und bringen den Fruchtball so aus dem Gleichgewicht (wozu bei Kugeln gar nicht viel Kraft nötig ist). Und plötzlich dreht sich der Pfirsich und kommt ins Kullern. Ach ja: Die Kohlensäure kann natürlich auch aus Soda oder Limo kommen. Für den, der's non-alkoholic mag.

Mix-Schaumwein

Welcher Sekt geeignet ist zum Mixen für Champagner-Cocktails? (Die heißen übrigens auch so, wenn ein Marken- oder Winzer-Sekt reinkommt.) Das ist reine Geschmackssache und hängt vor allem davon ab, wie süß man's mag. Manche bevorzugen »Brut de brut« oder »Dosage zero«, also Sekt ohne jeden Zucker. »Extra dry«, »Extra trocken«, »Trocken« oder »Sec / Secco« ist ganz leicht gesüßt, »Medium dry«, »Halbtrocken« oder »Demi-sec / Semi-secco« ist noch ein wenig süßer. Richtige Süßmäuler greifen zu »Doux«, »Dolce«, »Dulce« oder »Lieblich«, das sind die Sekte wie der Asti Spumante.

Das passt zu Schaumwein:

Der Sekt ist der große Allrounder der Cocktail-Szene, er passt eisgekühlt zu (fast) allem. Nur die Bekanntschaft sprudelnder Softdrinks sollte man ihm ersparen. Und hier sind seine besten Freunde:

Shortdrinks. Die meisten Shortdrinks sind schon mal in einer Sparkling-Version gemixt worden. Es klappt also! Den Drink nach Rezept shaken oder rühren und dann mit etwa 100 ml Sekt auffüllen. Dafür trockenen Sekt nehmen, sonst kommt die Balance im Drink aus dem Gleichgewicht. Oder süßen Sekt (Geschenk von Mama?) mit 2 cl Zitronensaft abpuffern.

Tropical Punches. Tropische Drinks werden leichter und spritziger im Geschmack, wenn man die Hälfte des enthaltenen Fruchtsaftes durch Sekt ersetzt. Bei »Schwergewichten« vorsichtshalber auch die Hochprozenter um die Hälfte reduzieren, Sekt ist ein guter Geschmacksgeber.

Fruchtsaft pur. Sekt mit Orangensaft ist der große Klassiker – mal Sekt-Orange, mal Buck's Fizz, mal Mimosa getauft. Schmeckt aber mit allem, was das Saftregal hergibt, sogar mit einem Schuss Limettensaft (unbedingt auch mit Asti probieren!).

Fruchtsaft & Fruchtlikör: 2 cl Fruchtlikör mit 6 cl passendem Fruchtsaft im Shaker mixen und mit Sekt auffüllen. Glas mit Fruchtstücken garnieren.

Weinaperitifs & Brandy: Sekt verbrüdert sich ungeniert mit allem, was, wie er, aus der Weintraube stammt. Also mit Traubenbrand, Grappa, Brandy, aber auch mit aromatisierten Weinaperitifs wie Vermouth oder Dubonnet. Er ist aber auch einem Flirt mit den entfernter verwandten Obstdestillaten nicht abgeneigt: Calvados, Kirschwasser & Co. Noch besser: halb Sekt und halb passenden Obstsaft zum Auffüllen nehmen.

So wird mit Schaumwein gefeiert:

Heute hab ich Grund zum Feiern. Das Buch ist fertig! Alle Freunde kommen und Doc. Alex macht den Barchef und zieht dafür sogar den Anzug an. Von Mutter habe ich die Silberplatten geborgt. Erbstücke. Kostbar. Heute grad gut genug. Die Deko: haufenweise Rosen. Zarte Organza-Tischdecken auf den Tischchen, die Teller aus feinstem Porzellan. Sie sind auch gepumpt, sonst geht's hier eher nüchtern zu. Aber heute muss es sein. Ich hab mich schön gemacht, die Gäste auch – los geht's. Edith Piaf singt »La vie en rose« und wir trinken aufregende Champagner-Cocktails. Klammheimlich haben wir nen Shrub vorbereitet (Seite 41). Und gießen den fashionablen Premix mit eisgekühltem Sekt auf. Das Highlight: Kullerpfirsich. Wir nehmen allerdings Kumquats und bringen die Stimmung ins Rotieren. Enchanté!

Das schmeckt zu Schaumwein:

Heute ist Edles angesagt. Haute Volée auf dem Silbertablett (oder dem mit Alufolie bezogenen Holzbrett). Canapés mit verschiedenen Belägen: Käse, roh geräucherter Schinken, Wurstaufschnitt, Lachs. Was drauf kommt, hängt von der Tagesform und der Laune ab. Wichtig ist aber der Zuschnitt der Brote: Sandwichbrot leicht antoasten, dann belegen, mit einem scharfen Messer in Form schneiden und verzieren. (Brotränder in der Küche naschen.) Praktisch sind auch Pumpernickeltaler, Cracker und Meterbrot mit Käsecreme. Alles elegant dekorieren und Servietten nicht vergessen. Ist doch Fingerfood…

Schaumwein plus:

Jetzt wird aufgeräumt. Alles, was längstens schon weniger werden sollte, kommt heute dran. Verschwindet aber nicht im Ausguss, sondern im Sektglas. Okay. Kirschlikör übrig? Wirklich edel wird der im Royal Punsch: 1 cl Zitronensaft, 2 cl Kirschlikör, 3 cl weißen Rum im Glas mit Eis verrühren und mit Sekt aufgießen. Auch gut im Tulip: 1 cl Wodka, 1 TL Kirschlikör und 1 TL Grenadinesirup mit Eis und Sekt ins Sektglas füllen. Mal grüne Banane gekauft? 4 cl davon und 4 cl Ananassaft auf Eis durchrühren, Sekt dazu. Nennt sich Green Spider. Die Berliner Weiße war nix? Dann wird's ein Monaco Smash: 2 cl weißen Rum, 1 cl Himbeersirup und 4 cl Grapefruitsaft im Glas mit Eis durchrühren, mit Sekt auffüllen. Asti Spumante genießbar machen? Für den Pink Asti 1 cl weißen Rum, 1 TL Curaçao, 1 TL Grenadinesirup, 2 cl Orangensaft im Glas mit Eis verrühren, mit Asti auffüllen.

Basic-Rezepte zum Verwandeln

(ohne Bild)

Cobbler

DIE BASIS: Die Hälfte eines Longdrinkglases mit crushed ice füllen. Darüber maximal 5 cl Basic-Spirit (z. B. Brandy oder Curaçao) oder eine Mischung aus Basic-Spirit und alkoholfreien Liquids (z. B. Orangensaft oder -sirup) gießen. Gut umrühren. Frisches Obst nach Belieben in kleine Stücke schneiden und den Drink damit anreichern. Mit Sekt auffüllen. Nicht umrühren und mit einem Strohhalm und einer Gabel servieren.

DIE VERWANDLUNG: Klassiker ist der **Champagner Cobbler** aus 2 cl Maraschino oder Kirschlikör und 3 cl Curaçao. Edel der **Côte d'Azur Cobbler**, der aus 1 cl Limettensaft, 1 cl Grenadinesirup und 3 cl Curaçao gemixt und mit rotem Sekt aufgefüllt wird.

Daisy

DIE BASIS: 1 TL Zitronensaft, 1 TL Grenadinesirup und 5 cl Basic-Spirit (z. B. Whisk(e)y oder Gin) im Shaker mit 4 EL crushed ice kräftig durchschütteln. Durch ein Sieb in eine Cocktailschale abseihen und mit 1 guten Schuss Champager auffüllen.

DIE VERWANDLUNG: Perfekt für nen faulen Nachmittag ist der **Champagner Daisy** mit 5 cl Chartreuse Verte. Lecker auch der **Apple Jack Daisy** mit 1 cl Grenadinesirup, 2 cl Zitronensaft und 4 cl Calvados.
Natürlich darf statt mit Champagner gerne auch mit Sekt aufgegossen werden.

Rickey

DIE BASIS: Saft von 1 Limette, 1 TL Zuckersirup und 4 cl Basic-Spirit (z. B. Gin oder Rum) in einem mittelgroßen Becherglas verrühren und mit Sekt auffüllen.

DIE VERWANDLUNG: Ein erfrischender Rickey ist der **Champagner Rickey** mit 4 cl Curaçao, der dazu auch mal Blue oder

li: Pretty Woman_re: Bellini

li: Prince of Wales_re: French 75

Orange sein darf. Der **Caipi Rickey** wird mit Cachaça gemixt, der **Tropical Rickey** mit weißem Rum. Bei einem **Likör Rickey** darf der Zuckersirup fehlen, sonst wird's zu süß.

Pretty Woman

fruchtig

4 Erdbeeren
4 cl Ananassaft
1 cl Zuckersirup
2 EL crushed ice
etwa 100 ml Sekt (eisgekühlt!)

Die Erdbeeren waschen, putzen und mit dem Ananassaft und dem Zuckersirup im Elektromixer samt dem crushed ice kurz schaumig aufmixen, dann in ein großes Sekt- oder Weinglas gießen.
Mit Sekt vorsichtig so auffüllen, dass nichts überschäumt (das passiert sehr schnell und gibt schlimme Flecken vom Erdbeersaft). Kurz warten und bei Bedarf noch etwas Sekt nachfüllen, bis das Glas richtig voll ist.

Bellini

fruchtig

1 weißer Pfirsich
etwa 150 ml Prosecco (eisgekühlt!)

Pfirsich mit kochend heißem Wasser überbrühen, häuten, entkernen, klein schneiden und im Elektromixer pürieren.
1–2 Löffel vom Püree in ein Sektglas füllen (Rest so naschen) und mit dem Prosecco aufgießen, vorsichtig umrühren.
TIPP: Der Bellini stammt aus der berühmten Harry's Bar in Venedig. Er sollte stets mit Prosecco zubereitet werden, da dieser sprudelnde Spumante aus der Prosecco-Traube nur eine kurze Autofahrt von Venedig entfernt hergestellt wird und der Lieblings-Schaumwein der Venezianer ist. Außerdem gehört in den Bellini keinesfalls gelbes Pfirsichpüree oder gar Pfirsichsaft und Grenadinesirup. Obwohl auch das einen leckeren Cocktail ergibt. In Harry's Bar wird der Bellini übrigens in einem eigens dafür entwickelten Becherglas serviert, das man dort auch als amüsantes Souvenir kaufen kann. Adresse: Harry's Bar, Calle Vallaresso, San Marco 1323. Direkt am Canal Grande, 1 Minute vom Markusplatz. In der Bar muss man nicht reservieren, im Ristorante schon. Dafür gibt's dann Original-Carpaccio, das dort wie der Bellini erfunden wurde.

Prince of Wales

klassisch

1 Zuckerwürfel
2 Spritzer Angostura
2 cl Brandy
1 cl Curaçao Triple Sec
etwa 170 ml Sekt (eisgekühlt!)
1 Cocktailkirsche

Zucker in ein Sektglas geben, mit Angostura befeuchten. Brandy und Curaçao dazu, mit Sekt auffüllen. Kirsche so vorsichtig ins Glas fallen lassen, dass nichts überschäumt.

French 75

erfrischend

2 cl Gin
1 TL Zitronensaft
1 Spritzer Zuckersirup
1 Spritzer Grenadinesirup
4 Eiswürfel
etwa 180 ml Sekt (eisgekühlt!)

Gin, Zitronensaft, Zuckersirup, Grenadinesirup und die Eiswürfel im Shaker schütteln und durchs Sieb in ein Sektglas abseihen. Mit dem Sekt auffüllen.

li: Michelangelo_mi: Tiziano_re: Sparkling Mary Pickford

Antarctica

Michelangelo

bitter-süß

2 cl Campari
1 cl Limettensaft
1 cl Vermouth Dry
1 cl Zuckersirup
2 Eiswürfel
etwa 100 cl Sekt oder Prosecco (eisgekühlt!)

Den Campari, Limettensaft, Vermouth und Zuckersirup im Rührglas mit dem Eis gut verrühren und durch das Sieb in eine Sektschale füllen. Mit Sekt oder Prosecco aufgießen.

Tiziano

mild

5 cl roter Traubensaft (eisgekühlt!)
etwa 100 ml Prosecco (ebenfalls gut kalt!)

Den Traubensaft in ein Sektglas gießen und vorsichtig mit dem Prosecco auffüllen. Na, und das war's schon.

TIPP: Am besten schmeckt der Tiziano im Herbst mit Saft aus frischen Rotweintrauben (beim Winzer fragen). Oder würzige rote Tafeltrauben verwenden, die auch als nette Deko dienen können. Die Trauben vorsichtig in einem Sieb zerdrücken und den Saft auffangen. Nicht wundern: Da bei roten Trauben die Farbe nur in den Schalen steckt, ist der frisch gepresste Saft immer weiß. Wenn der Drink also wie das Original aus Venedig aussehen soll, mit ein wenig Traubensaft aus der Packung nachhelfen.

Sparkling Mary Pickford

fruchtig

3 cl weißer Rum
3 cl Ananassaft
1 TL Grenadinesirup
4 Eiswürfel
etwa 100 ml Sekt (eisgekühlt!)

Rum, Ananassaft und Grenadinesirup im Shaker mit den Eiswürfeln gut schütteln und durch ein Sieb in ein Sektglas abseihen. Mit dem Sekt auffüllen.
TIPP: Mary Pickford war eine Hollywood-Göttin aus der Stummfilmzeit. Ihr zu Ehren wurde der Drinkklassiker **Mary Pickford Cocktail** kreiert: 3 cl weißen Rum, 2 cl Ananassaft, 1 TL Grenadinesirup und 1 TL Maraschinolikör im Shaker mit 4 Eiswürfeln mixen und ab damit durchs Sieb in eine Cocktailschale.
Aus dem Mary Pickford entstand der Sparkling Mary Pickford, als ein Barkeeper in Anspielung auf die Mehrfach-Bedeutung von »Sparkling« (»perlender« Sekt, »strahlende« Schönheit und »funkelnde« Edelsteine) meinte, eine Leinwanddiva wie Mary müsste auch im Glase so »sparkling« sein wie im wahren Leben.

Antarctica

erfrischend

1 Kugel Zitroneneis
2 cl Blue Curaçao
etwa 150 ml Sekt (eisgekühlt!)

In ein großes Wein- oder Sektglas das Zitroneneis geben. Mit Blue Curaçao übergießen und mit dem Sekt auffüllen.
TIPP: Der Antarctica ist auch ein klasse Drink-Dessert. Falls Kinder mitessen, alkoholfreien Curaçao-Blue-Sirup statt dem Blue Curaçao nehmen und nicht mit Sekt, sondern mit Zitronenlimonade aufgießen.

hlt!)

in Sektglas füllen
en.
Edelversion des
ir, den man gerne
rd mit dem trocke-
Aligoté aufgefüllt
Bourgogne Blanc
: echter Chablis),
iger Likör in den
l (gerade so viel,
schillert und der
inen Hauch Cassis

ihlt!)

li: Shirley Temple_re: After Midnight

Die Eiswürfel ins Rührglas geben, Southern Comfort, Orangensaft und Grenadinesirup drübergießen. Sorgfältig verrühren, bis alles gut gekühlt ist.
Durchs Sieb in ein Sektglas (ein großes Weinglas tut's aber auch) abgießen. Mit dem Sekt auffüllen.

Shirley Temple

anregend

3 Eiswürfel
8 cl Zitronenlimonade
8 cl Ginger Ale
2 cl Grenadinesirup

Die Eiswürfel in ein Longdrinkglas füllen, übrige Zutaten darüber laufen lassen und alles gut verrühren. Mit einem Strohhalm servieren.
TIPP: Ein Longdrink, der zu Ehren der Schauspielerin Shirley Temple erfunden wurde. Shirley stammte aus den Südstaaten der USA und war ein Kinderstar: Deshalb ist der Drink alkoholfrei und passt perfekt zu den heißen, schwülen Tagen, wie sie nicht nur im Süden der USA, sondern auch bei uns vorkommen: Hundstage.

Aquamarine

After Midnight

erfrischend

4–6 Eiswürfel
4 cl Himbeersirup
Saft von 1 Limette
etwa 120 ml Soda- oder Mineralwasser

Eis in ein Becherglas füllen. Sirup und Limettensaft darüber gießen und »on the rocks«, also »auf den Eiswürfeln« verrühren.
Mit dem Wasser nach Geschmack auffüllen, mindestens aber 100 ml nehmen, sonst wird der Drink zu süß.

Aquamarine

erfrischend

4 Eiswürfel
5 cl Wodka
2 1/2 cl grüner Crème de Menthe
2 1/2 cl Zitronensaft
etwa 100 ml Sekt (eisgekühlt!)

Eis ins Rührglas füllen und mit Wodka, Crème de Menthe und Zitronensaft übergießen. Mit einem langstieligen Löffel spiralförmig von unten nach oben gut verrühren.
Durch das Sieb in ein Sektglas abseihen. Mit dem Sekt auffüllen.

ABC

ml / 0,06 l

100 ml / 0,1 l

o ml / 0,2 l

ält 5–6 cl Alko-
efähr 1/4 l Wein)

t 3–4 cl Alko-
efähr 1/4 l Bier)

l Alkohol,
100 ml Wein

keinen Alkohol
als ein alkohol-
ntalkoholisierter
ihrer Bezeich-
g Alkohol sitzt

im Rührglas
ein Trinkglas
) abseihen

auf Eis im
nschütteln,
h Bedarf mit

m Elektromixer
z schaumig auf-
las (nach Bedarf

erfrischend
mild
würzig

= 1 Dash
l = 0,5 cl
6 Cocktail
osglas = 2 cl

Shortdrink)

Bitters

Bitter macht lustig. Das haben schon die alten Griechen herausgefunden.

Sie entdeckten, dass bittere Kräuter bei der Verdauung helfen. Was auch stimmte, wie sich im Laufe der Zeit herausstellte. Seither arbeiteten Apotheker und Alchimisten an immer neuen Ideen, wie man die Bitterkeit von Kräuterextrakten und -destillaten mit Süße zähmen und genießbar machen konnte. Am erfolgreichsten waren italienische und französische Café- und Barbesitzer im 18. und 19. Jahrhundert: Antonio Carpano erfand in Turin zunächst für seine weiblichen Gäste den Vermouth, einen aromatisierten Süßwein, der sein pikantes Aroma aus den Blüten des Wermutkrautes bezieht, das ihm den Namen gab. Wenig später kam der herbe Punt e Mes für die männliche Kundschaft dazu. Caspare Campari experimentierte derweil in Mailand mit bitteren Aromen und knallrotem Farbstoff. Carlo und Giovanni Cinzano aus Turin waren Winzer, wurden Brennmeister und spezialisierten sich auf Vermouth. Luigi Rossi kaufte sich in Asti bei Martini ein, Ausano Ramazotti mixte in Mailand, Don Salvatore Averna verbesserte auf Sizilien ein überliefertes Bitter-Rezept. Französische Tüftler steuerten Vermouths wie den Noilly Prat und Bitters wie den Suze und den St. Raphael bei. Schließlich machte Joseph Dubonnet aus Paris seinen Aperitif populär. Die Amaros oder auch Bitter-Aperitifs waren erfunden, Magentröster zum Pur-Genießen – vor allem aber zum Mixen. Sie sind die heute in der Bar erfolgreichsten Bitters. Bitter-Branntweine wie Fernet, Boonekamp oder Underberg werden beim Drinkmachen kaum genutzt, dafür haben sich Bitterliköre (siehe Seite 80) wie Bénédictine oder Galliano als Aromageber fest etabliert.

»Urlaub und Dolce Vita hatten wir schon lang nicht mehr.« »Hmmm…« »Ich will mal wieder Ars Vivendi!« »O.K. Ich hol Campari, Cinzano & Co. Wir feiern jetzt die Dolce-Vita-Party.« »Va bene, bello.«

Doc. Alex

Farbenspiele

Alltagswissen: Aus den Primärfarben Gelb, Rot und Blau werden Orange, Grün und Violett gemischt. Alle Farben zusammen ergeben Schwarz. So einfach ist's leider nicht. Schon gar nicht bei Cocktails. Oft sind schon die Basic-Spirits schrill, poppig-bunt oder goldfarben – in allen Schattierungen von strohblond bis bernstein. Kommt da die falsche Farbe dazu, wird der Drink schmuddelig-grau statt strahlend bunt. Das kann durchaus lecker schmecken und der Drink wird zu Ehren der einschlägigen Motorölhersteller »Agip 2000« oder »Texaco Sunrise« genannt. Wirklich witzig ist das aber nicht. Deshalb: bei reinen Farben bleiben, Gelb & Grün, Grün & Blau, Rot & Gelb. Von Rot & Blau besser die Finger lassen, das wird nur bei absolut reinen Farben zu tollem Purpur, in der Mix-Praxis dagegen häufig zu schmutzigem Lila. Campari und Blue Curaçao also lieber nicht mischen. Wer ganz sicher gehen will, kombiniert farblose oder sehr helle Zutaten mit einem kraftvoll leuchtenden Spirit, etwa Campari mit Soda oder Blue Curaçao mit Sekt. Viele Liköre und andere Mixzutaten gibt es oft in mehreren Farben – und auch klar. Zu Letzteren greifen, dann kann nichts mehr schief gehen.

Campari ist mehr als nur ein Bitter

Campari ist Kult. Auf der ganzen Welt, nur nicht in der Bar und in Italien. Die italienische Dolce-Vita-Fraktion trinkt, was ihr schmeckt, die Bar-Profis mixen mit dem, was ihnen richtig erscheint. Denn der knallrote Campari hat einheimische Konkurrenz: auch von Martini, Rossi und Cinzano gibt es erstklassige Bitters, die lecker sind und die gleiche Farbe haben. Cinzano Bitter ist dabei eine Spur lieblicher und süßer, während der Martini Bitter würziger und herber als Campari ist. Einfach mal ausprobieren. Cin Cin.

Das passt zu Bitters:

Keine Spirituosen-Kategorie ist so unübersichtlich wie die der Bitters. Es gibt bitter-süß abgeschmeckte Weine wie Vermouth. Bittere Aperitifs wie Amaro. Bitterliköre wie Galliano. Und bittere Würzspirituosen wie Angostura oder Orangebitter. Und so mixt man damit:

Vermouth. Ob italienischer oder französischer Vermouth, ob Dry, Rosso oder Bianco – er spielt aus Tradition nur eine Nebenrolle im Cocktail. Die aber bühnenwirksam, denn der Vermouth sorgt für weinige Süße und feine Würze, während die Basis-Spirituose für den Charakter sorgt. Das funktioniert auch, wenn Fruchtsäfte oder süße und bitter-süße Softdrinks dazukommen.

Amaro. Im Prinzip kann man mit allen Amari mixen. Um diese kennen zu lernen, am besten auf den Homepages der Hersteller deren Rezept-Vorschläge ansehen und ausprobieren. (Da sie das Geheimrezept ihres Amaro kennen, passen alle Drinkzutaten gut zusammen.) Und dann entlang der gleichen Aromalinien selbst kreativ werden.

Bitterliköre. Wie's mit denen geht, steht schon auf Seite 80.

Würzbitter. Der Aromatic-Bitter Angostura stammt aus Angostura auf Guyana, einer Karibikinsel, und sollte ursprünglich Europäern helfen, mit dem heißen Tropenklima der Teufelsinseln fertig zu werden. Angostura hilft immer noch, wird aber weit mehr in der Bar als in der Küche als feine Würze verwendet. Tropfenweise gibt er vielen Cocktails erst den rechten Pfiff, peppt aber auch Obst- und Gemüsesäfte auf. Orangebitter nutzt man in der Bar ähnlich, er ist aber ein mit Gin verlängerter Extrakt aus Pomeranzen und Bitterorangen. Er passt deshalb in alle Cocktails mit Zitrone und Orangenlikör und frischt deren Aroma auf. Auch toll in Fruchtsaftdrinks.

Das schmeckt zu Bitters:

Mal sehen, wie viel Zeit ich habe. Reicht es, um mit meinem Italian Basics tolle Antipasti selbst zu machen? Wahrscheinlich nicht, denn die Dolce-Vita-Bar-Parties sind spontan und presto, presto. Aber für Crostini mit Tunfischcreme, Melonenspieße und Grissini mit Parmaschinken wird's wohl reichen. Dazu kauf ich fertige Antipasti und backe Ciabatta-Taler dazu: Würzoliven hab ich noch von der Gin-Party übrig – die halten sich im Kühlschrank ewig, mache ich immer mehr davon. Die Oliven klein schneiden und unter Ciabatta-Teig (gibt's in der Packung zum Selberbacken) kneten, daraus kleine Brottaler backen. E bene!

Bitters plus:

Bitters peppen jeden Drink und jede Basis-Spirituose auf. Berühmtestes Beispiel ist der Pink Gin: 6 cl Gin auf Eis rühren, 2 Spritzer Angostura dazu. Fertig. Ist total simpel und total raffiniert. Bitters veredeln auch Obstbrände: Obstwasser (Sorte nach Lust und Laune wählen) halb halb mit Dubonnet im Shaker durchschütteln. Bekanntester ist der Bentley mit Calvados, mit Kirschwasser wird's der Jumelage, mit Williams der Strasbourg-Paris. Halb Dubonnet, halb Whisk(e)y und je 1 Spritzer Angostura, Orangensaft, Zitronensaft und Curaçao, heißt nach dem Shaken Dandy. Und 1 1/2 cl Dubonnet, 1 1/2 cl Vermouth Dry und 3 cl Whisk(e)y werden mit 1 Spritzer Angostura zum Lafayette geshaked. Für den Tropical C 4 cl Campari, 1 cl braunen Rum, 1 cl Maracujanektar und 2 cl Ananassaft shaken. Zum Abschluss erfrischt der French Campari: 2 cl Campari mit 1 cl Pastis shaken und mit 6 cl Grapefruitsaft und Eis auffüllen.

So wird mit Bitters gefeiert:

Also, vergessen wir mal, dass es auch in Frankreich und anderen Ländern feine Bitters gibt. Bleiben wir bei den Classics aus Italien und feiern eine Dolce-Vita-Party. Die Deko: entweder, oder. Vor kurzem hab ich dem Laden am Eck die Italo-Deko abgebettelt, mit der für die italienischen Wochen geworben wurde. War toll bei meiner Sommerparty. Aber die Bars in Italien sind eigentlich eher karg und spartanisch. Bis auf die vielen Flaschen im Hintergrund. Na, bleiben wir zurückhaltend, polieren nur die Espressomaschine auf Hochglanz und bauen eine Flaschenbatterie auf. Haben ja mittlerweile genug in der Basic-Bar. Davor die Fruchtpresse und ein Korb mit Orangen und Zitronen. Basta. Das Kostüm: Italian-Chic. Was auch immer das ist oder die Gäste dafür halten. Muss ja nicht Prada und Missoni sein. Die Drinks: alles mit Bitters. Vom Campari Soda oder Orange bis zur Schorle mit Schuss. Da fällt uns ganz viel dazu ein.

Latin Lover's Kiss

Bitter Sweet

li: Alfonso_re: Camparinha

Latin Lover's Kiss

cremig

4 Eiswürfel
3 cl Campari
1 cl Himbeersirup
2 cl Sahne

Alle Zutaten im Rührglas kräftig verrühren, durchs Sieb in ein Cocktailglas abseihen.
TIPP: Wer's schaumiger und noch cremiger mag, mixt den Drink im Elektromixer und nimmt dann 2 EL crushed ice statt der Eiswürfel. Und mit einigen frischen Himbeeren wird der »Kiss« noch begehrenswerter.

Rosalita

(ohne Bild)
bitter-süß

4 Eiswürfel
3 cl Tequila
2 cl Vermouth Dry
1 cl Campari

Rassige Mexikanerin trifft feurige Italiener: Ob diese Ehe zu dritt gut geht? Oh ja, es gibt ein Happy End. Und so geht's zum Traualtar: Alle Zutaten im Shaker schütteln und den Drink durchs Sieb ins Cocktailglas abseihen.

Bitter Sweet

bitter-süß

5 cl Kirschsaft
5 cl Orangensaft
5 cl Bittersirup
4 Eiswürfel
5 cl Sodawasser
1 kleines Stück unbehandelte Orangenschale

Die Fruchsäfte mit dem Bitter und dem Eis im Shaker kräftig durchschütteln. Dann durch ein Sieb in ein großes Sektglas abseihen.
Mit dem Sodawasser auffüllen. Orangenschale über dem Glas kurz andrücken, so dass etwas Schalenöl in den Drink tropft, und dann mit ins Glas geben.
TIPP: Alkoholfreien Bitter (schmeckt wie Campari, ist aber ein Sirup ohne Promille) gibt es auch schon fertig gemixt mit Soda. Dann nur die Säfte und das Eis shaken und mit dem Bitterino auffüllen.

Alfonso

bitter-süß

1 Zuckerwürfel
1 Spritzer Angostura
1 cl Dubonnet
1 Eiswürfel
etwa 150 ml Sekt (eisgekühlt!)
1 Spirale aus der abgeschälten Schale einer unbehandelten Zitrone

Zuckerwürfel in einen Sektkelch legen und mit Angostura beträufeln. Abwarten, bis der ganze Zucker feucht ist.
Dubonnet drübergießen, Eis ins Glas füllen. Mit Sekt aufgießen, Zitrusschale dazugeben.

Camparinha

anregend

1 unbehandelte Limette
2 TL brauner Zucker
etwa 1 Hand voll crushed ice
4–6 cl Campari

Die Limette waschen, achteln und mit dem Zucker in ein Becherglas geben. Mit dem Stößel zerdrücken.
Mit dem Eis auffüllen, Campari dazugießen, umrühren. Fertig.

li: Negroni_re: Za-Za

hi: Americano_vo: Louisiana Lullaby

Negroni

bitter-süß

2 cl Campari
2 cl Gin
2 cl Vermouth Rosso
4 Eiswürfel
1 Scheibe von einer unbehandelten Orange
etwa 1 Schuss Sodawasser

Campari, Gin und Vermouth im Becherglas mit den Eiswürfeln verrühren. Orangenscheibe ins Glas geben, mit dem Sodawasser auffüllen.

TIPP: Fürs absolute Dolce-Vita-Feeling unbehandelte Orangenschale über dem Glas ausdrücken und etwas Schalenöl in den Drink tropfen lassen, umrühren. Einen Schluck bitter-süßen Drink nehmen und genüsslich an der Orangenscheibe zuzeln. Auch cool: eisgekühlte Orangenspalten zum Negroni naschen und dazu Adriano Celentano hören.

Za-Za

klassisch

4 Eiswürfel
3 cl Gin
3 cl Dubonnet
1 Spritzer Angostura

Beim nächsten Barbesuch unbedingt mal probieren und dann zu Hause nachmachen. Der hat das Zeug zum Favoriten: Er ist schnell gemixt, gelingt immer und hat Pfiff!

Alle Zutaten im Rührglas kräftig verrühren und durchs Sieb in eine Cocktailschale abseihen. Erstmal ehrfürchtig nähern – schließlich zählt er zu den World-Cocktails –, dran schnuppern und die zarten Gewürznoten aus dem Gin (Wacholder), Dubonnet (Kräuterwein) und Angostura (Tropical Spices) genießen. Dann aber los: ist nämlich lecker! Und nach dem Essen gibt's gleich den nächsten: als Verdauungsdrink.

Americano

bitter-süß

3 cl Campari
3 cl Vermouth Rosso
4 Eiswürfel
je 1 Stück unbehandelte Orangen- und Zitronenschale
etwa 1 Schuss Sodawasser

Campari, Vermouth und Eiswürfel im kleinen Becherglas gut verrühren. Die Orangen- und Zitronenschale überm Glas fest drücken, bis etwas Schalenöl in den Drink spritzt. Das nennt man in der Bar »abspritzen« (und wer jetzt grinst, fliegt raus!!).

Noch mal verrühren und nach Geschmack mit Soda auffüllen. Nicht zu viel nehmen, sonst wird der Americano zu lasch.

Louisiana Lullaby

anregend

5 cl brauner Rum
1 cl Dubonnet
3 Spritzer Curaçao Triple Sec
4 EL crushed ice
1 Scheibe von einer unbehandelten Zitrone

Rum und Dubonnet im Shaker vermischen. Mit Curaçao Triple Sec abspritzen und das crushed ice dazugeben.

Den Shaker gut zumachen und alles kurz durchschütteln. Durch das Sieb in eine Cocktailschale abseihen. Zitronenscheibe mit ins Glas geben und leicht andrücken, bis etwas Saft in den Drink fließt.

Jetzt langsam genießen und dann gleich ins Bett: In seiner Heimat in Louisiana dient der Lullaby als »Gute-Nacht-Geschichte« und sorgt für angenehme Bettschwere.

45%vol

Obstbrände

Der Willi aus dem Skiurlaub. Auch zu Hause mein Liebster. Weil er so schön nach Birne schmeckt.

Viele lieben Obstbrände, weil die einfach ein tolles Fruchtaroma haben. Das weiß jeder Bar-Profi, deshalb hat er immer welche da. Als Digestifs – Magenschließer und Verdauungshelfer also. Nichts für Leute, die Diät halten, aber etwas für Genießer, die nach einem klasse Essen noch etwas Feines hinterher trinken wollen. Denn Obstbrände sind Frucht auf den hochprozentigen Punkt gebracht. Dreh- und Angelpunkt bei den Obstbränden ist die Frage, wie viel Zucker wirklich in der Frucht ist. Denn aus diesem Zucker machen die Hefen beim Vergären den Alkohol, der dann durch die Destillation konzentriert wird. Bei Aprikosen, Kirschen, Birnen, Zwetschgen und Quitten ist das kein Problem. Obst klein schneiden, abwarten, bis die Hefen arbeiten und die Maische (= breiig zerkleinerte Früchte, die Zucker bildende Stärke enthalten) gärt, dann brennen. Dann wird's ein Obstbrand oder Obstwasser. Aber die Himbeeren. Meine Lieblinge. Schmecken zwar süß, haben aber trotzdem viel zu wenig Zucker fürs Brennen. Ebenso die Orangen für den Curaçao. Und gleichfalls die Heidelbeeren, Erdbeeren, Schlehen und Vogelbeeren. Was nun? Ganz einfach. Früchte in nach nichts schmeckenden Schnaps einlegen und abwarten, bis das Aroma im Alkohol gelöst ist. Leute vom Fach sagen dazu »Mazeration«. Ist der gute Geschmack im Schnaps, wird noch mal gebrannt. Fertig ist der Obstgeist. Alles klar? Obstwasser oder -brand = Vergärung & Destillation. Obstgeist = erst Mazeration, dann Destillation. Und Cocktails mit Obstbränden? Gibt es nur wenige. Und das werden wir jetzt ändern.

»Du, ich hab eine neue Diät.« »Ach nee, bitte nicht.«
»Du, die ist super. Mit ganz viel Obst. Obst in jeder Form.«
»Sag doch gleich, dass du mal wieder mit Obstbränden mixen willst. Du hast mich wirklich erschreckt.«

Doc. Alex

Kristallklar & fruchtig

Die meisten Obstbrände sind kristallklar und fruchtig. Fassgereift ist nicht, weil Aromen nach Vanille, Nuss und Marzipan aus dem Holzfass einfach nicht gut dazupassen. Nur beim Apfel ist es anders. Weshalb die Welt den berühmten Apfelbrand kennt: den Calvados. Woher der kommt? Natürlich aus Frankreich, aus der Normandie. Dort sind die Äpfel klein, aber voller Geschmack. Nicht gut zum Essen, aber perfekt zum Brennen. Erst wird Cidre draus, Apfelwein (mehr über Mixen mit Cidre ab Seite 110). Der schmeckt schon prima. Gebrannt wird daraus Apfelschnaps. Der wäre auch schon lecker, aber jetzt muss er erst mal ins Holzfass. Seine ungestüme Jugend überstehen, erwachsen werden. Reifen. Samtweich werden. Dann bekommt er die AOC, die geschützte Herkunftsbezeichnung. Je länger er reift, desto besser wird er als Digestif – und leider auch immer teurer. Weil wir die Frucht suchen und Vanille, Nuss und Marzipan, reicht uns zum Mixen auch ein junger Calvados. Der hat drei Sterne oder es steht »VS« auf dem Etikett. Bezahlbar ist er auch. Trotz Weltruhm, trotz Frankreich.

Überall dort …

… wo Obst wächst, werden Obstbrände gebrannt. Vor unserer Haustür in Deutschland, Österreich und der Schweiz. In Italien, in Ungarn und auf dem Balkan. In England. Und Spanien. Selbst aus den USA werden Obstbrände zu uns geschickt. Jeder hat seinen Favoriten, aber alle lieben die Obstbrände aus dem Elsass. Vielleicht, weil sie auch so aussehen, wie sie gemacht werden: handwerklich und traditionell. Vermutlich aber, weil sie schmecken, wie sie heißen: Eau-de-vie-de-fruits d'Alsace. Très élégant, très français, très lecker. Unbedingt probieren!

Das passt zu Obstbränden:

Keine Bar ohne Obstbrände. Aber in der Welt der Cocktails spielen sie im Gegensatz zu anderen Basis-Spirituosen kaum eine Rolle. Sie stehen in der Flaschenbatterie, weil sie Fans haben. Viele Fans. Aber die wollen sie alle pur genießen. Wirklich? Schon mal in ein Glas voll bestem Kirschwasser oder Williams-Birnenbrand hineingerochen? Die enorme Aromakraft ist einfach überwältigend. Und das soll nicht in Cocktails? Nix da, hinein damit!

Calvados: Näheres dazu siehe Doc.-Alex-Kasten links. Perfekt für herbstliche Drinks mit Saft aus herbstlichem Obst: Apfel- und Birnensaft. Plus pürierter Pfirsich. Sekt dazu: très chic.

Steinobstbrände: Aus Obst mit Stein im Inneren gemacht, welcher dem Brand einen kernigen Ton mit einem Hauch Mandel und Süße verleiht. Und dem Cocktail Charakter. Steinobstbrände passen gut zu Amaretto (klar, denn der hat ebenfalls ein wunderbares Mandelaroma!), aber auch zu Curaçao, zu Brandy und allen herben Obstsäften.

Kernobstbrände: Hier sind Obstsorten mit Kernen die Grundlage – Äpfel, Birnen, Quitten. Brände aus diesen Früchten vertragen sich prima mit Partnern, die Frische liefern wie Zitronen und Limetten. Aber auch Minze und würziges Ginger Ale und sogar Gemüsesäfte mögen sie.

Beerenobstbrände & Obstgeister: Werden aus Beeren destilliert oder durch Mazeration (siehe Seite 99) hergestellt. Sie bestechen durch ein intensives Beerenaroma – ein Waldspaziergang zum Naschen. Sie lieben Sahne, Kokoscreme und Sirup aller Art. Und einen Schuss Obstsaft oder Milch zum Verlängern. Damit's leichter wird.

Das schmeckt zu Obstbränden:

Witzig und schnell für die große Runde: Kartoffelfondue mit Käsesauce und Dips. Ganz basic: junge, kleine Kartoffeln kochen, abkühlen lassen und samt Schale im Ganzen in einer Pfanne goldgelb braten. In einer Schüssel aufs Teestövchen stellen. Für die Sauce eine helle Béchamelsauce anrühren, würzigen Käse reiben, drunterrühren und mit Kirschwasser und frisch geriebener Muskatnuss abschmecken. Auf ein zweites Stövchen stellen. Dazu gibt's Fonduesaucen (aus dem Glas) als Dips, Bauernschinken in dünnen Scheiben und einen großen, bunten Salat als Vitaminquelle. Als Nachtisch: Bratapfel mit Walnusseis.

Obstbrände plus:

Wenn überhaupt mit Obstbränden gemixt wird, dann gehört Kirschwasser eindeutig zu den Favoriten. Also die Flasche, die mal für die Torte gedacht war, abstauben und loslegen: 3 cl Kirschwasser und 3 cl grünen Crème de Menthe shaken und fertig ist der After Six. 2 cl Whisky, 1 cl Curacao Tirple Sec, 1 cl Kirschwasser mit Eis kurz shaken, mit einem Dash Angustura abschmecken: Banff Cocktail. Viel farbenfroher ist der Azzurro: 2 cl Kirschwasser und 2 cl Williams mit 2 cl Blue Curaçao auf Eis rühren und abseihen. Toll ist auch Himbeergeist: für den Raspberry Sour 5 cl Himbeergeist, 1 cl Maraschino oder Kirschlikör und den Saft von 1/2 Zitrone auf Eis shaken. Der Green Valley ist eine Art Cobbler und wird deshalb auf einem Bett aus crushed ice genossen: 2 cl Himbeergeist, 4 cl Blue Curaçao, 2 Spritzer Galliano und den Saft von 1/2 Zitrone shaken, über das Eis im Glas gießen und mit Himbeeren garnieren. Etwas für Süßschnäbel ist der Lampone: 1 cl Himbeergeist mit 4 cl Vermouth Bianco im Mixglas auf Eis kalt rühren, abgießen, mit 2 Spritzern Angostura abschmecken und 1 Stück unbehandelte Zitronenschale darüber ausdrücken.

So wird mit Obstbränden gefeiert:

Am besten sind Brände im Herbst. Die Bäume hängen voll reifer Früchte, die Vorfreude auf die bevorstehende Skisaison steigt (mit Willis, jawohl!), draußen wird es nach sonnigen Altweibersommertagen abends schon ungemütlich kühl. Die richtige Zeit für eine Herbstparty mit Erntedank-Cocktails. Die Deko: bunte Blätter, frisches Obst. Rote und grüne Äpfel, knallgelbe Birnen, lila Trauben. Und viele Nüsse. Kerzen für die Hüttenstimmung. Das Kostüm: sportiv. Die Drinks: reichlich Obstsaft. Am besten einen Entsafter ausleihen und den Saft ganz frisch pressen. Zwetschgensaft schmeckt super, Traubensaft auch. Dazu gibt's Mixdrinks mit Obstbränden. In den Gläsern kleine Birnen und Äpfel (aus der Dose), so wie auf der Hütte. Zum Abschluss: Hot drinks (siehe Seite 122) mit viel Frucht. Damit auch alle beim Nachhausegehen kuschelig warm bleiben.

li: Applecar_re: Bentley

Rose

Applecar

fruchtig

4 Eiswürfel
3 cl Calvados
1 cl CuraçaoTriple Sec
2 cl Zitronensaft

Alle Zutaten im Shaker schütteln, bis dieser außen beschlägt. Wer dazu den Shaker in eine Serviette oder ein Küchentuch wickelt (das schützt vor der Kälte und gibt besseren Halt), sieht am beschlagenen Boden des Shakers, wann der Cocktail fertig ist.
Den Drink jetzt nur noch durchs Sieb in ein Cocktailglas abseihen – und gleich genüsslich schlürfen.
TIPP: Der Applecar ist die Fruchtversion des Drink-Klassikers **Sidecar,** der mit Brandy gemixt wird. Durch den Calvados wird der Applecar besonders fruchtig und schmeckt nach Äpfeln, Vanille und Marzipan. Dazu gesellen sich Orangenaroma vom Triple Sec und frische Zitrone. Wie wär's damit als Digestif nach einem winterlichen Festessen?

Bentley

würzig

2–3 Eiswürfel
3 cl Calvados
3 cl Dubonnet

Die Eiswürfel in den Shaker geben. Calvados und Dubonnet darüber gießen und den Shaker gut verschließen.
Mit ausgestreckten Armen kraftvoll durchschütteln, bis sich die beiden Flüssigkeiten gut vermischt haben und sehr kalt sind.
Shaker vorsichtig öffnen und den Drink durch ein Sieb in eine Cocktailschale gießen.
TIPP: Der Bentley ist nicht nur eine bekannte britische Automarke, sondern auch ein Cocktail-Klassiker, den man als World-Cocktail auf Barkarten rund um den Globus finden kann.

Rose

süß

4–6 Eiswürfel
2 cl Kirschwasser
4 cl Vermouth Dry
1/2 TL Rosensirup (gibt's im Getränkefachhandel) oder Zuckersirup
4 Spritzer Rosenwasser (in der Apotheke oder im Feinkostladen kaufen)
1 rotes Moosröschen (ungespritzt!, nach Bio-Ware Ausschau halten)

Eiswürfel in ein Rührglas geben und Kirschwasser, Vermouth, Sirup und Rosenwasser darüber gießen.
Alles nur kurz verrühren und sofort durch ein Sieb in ein Cocktailglas abseihen.
Das Moosröschen kurz kalt abbrausen, trockenschütteln und ins Glas stecken. Den Rose servieren – vielleicht dem Lover am Valentinstag?
TIPP: Wer den Rosensirup nicht bekommt, kann ihn auch selber machen. 1/2 l Zuckersirup mit dem Saft von 1 Zitrone in einem kleinen Topf mischen und aufkochen lassen, vom Herd nehmen. 1 Hand voll frisch gepflückte, ungespritzte Rosenblätter dazugeben, umrühren. 2 Tage durchziehen lassen, dann durch ein Sieb abseihen und in eine Flasche füllen. Hält sich kühl gelagert ewig.

li: Pomme Royale_re: After One

li: Black Jack_re: Apple Jack Highball

li: Spring Fever_re: Pussyfoot

Pomme Royale

fruchtig

4 Erdbeeren
5 cl Calvados
etwa 150 ml Sekt (eisgekühlt!)

Erdbeeren waschen, putzen und einige Male mit einer Nadel oder eine Gabel einstechen. In eine Sektflöte oder ein schlankes Weinglas legen und mit Calvados übergießen. Kurz durchziehen lassen, mit Sekt aufgießen.

After One

bitter-süß

4 Eiswürfel
1 1/2 cl Kirschwasser
1 1/2 cl Vermouth Rosso
1 1/2 cl Campari
1 1/2 cl Galliano
1 Stück unbehandelte Orangenschale

Alle Zutaten (bis auf die O-Schale) im Shaker schütteln, bis dieser außen beschlägt. Drink durchs Sieb ins Cocktailglas abseihen.
Orangenschale leicht über dem Cocktail andrücken, so dass etwas Schalenöl ins Glas tropft. Umrühren, Schale in den Drink geben.

Black Jack

bitter-süß

2 cl Kirschwasser
2 cl Brandy
4 Eiswürfel
etwa 8 cl Espresso (gut gekühlt!)
Zucker nach Geschmack

Kirschwasser und Brandy im Rührglas auf den Eiswürfeln verrühren und durch ein Sieb in ein Cocktailglas abseihen. Mit Espresso auffüllen, nach Geschmack zuckern.

Apple Jack Highball

fruchtig

6 Eiswürfel
5 cl Calvados
etwa 100 ml Sodawasser oder Apfelschorle
1 Spirale aus der Schale von einem Apfel (mit etwas Zitronensaft eingerieben, damit sie nicht braun wird)

Ein Longdrinkglas mit den Eiswürfeln füllen. Den Calvados darüber gießen, mit Soda oder Apfelschorle auffüllen und die Apfelschalenspirale mit ins Glas geben.

Spring Fever

fruchtig

6 Eiswürfel
6 cl Blutorangensaft
2 cl Ananassaft
2 cl Maracujanektar
2 cl Kirschnektar
2 cl Zitronensaft
2 cl Mangosirup

Alle Zutaten im Shaker kräftig schütteln und durchs Sieb in ein Longdrinkglas füllen. Mit einem Strohhalm servieren.

Pussyfoot

fruchtig

2 cl Grenadinesirup
6 cl Ananassaft
6 cl Orangensaft
6 cl Grapefruitsaft
7–8 Eiswürfel

Sirup und Säfte im Shaker mit 4 Eiswürfeln schütteln und durchs Sieb in ein Longdrinkglas abseihen.
Restliche Eiswürfel dazugeben und servieren – auch mit einem Strohhalm.

RICARD
45
FRANCE
PASTIS DE MARSEILL

Anisées

Passt nicht nur zur Adventszeit. Anis stimuliert. Tut gut. Heilt sogar. Und er schmeckt…

… an Weihnachten in Keksen, rund ums Jahr in coolen Drinks. Ist Anis flüssig und hat alkoholische Prozente, nennt man die komplette Bagage ganz französisch Anisées. Denn die alten Ägypter waren zwar die Ersten, die Franzosen aber die Erfolgreichsten, wenn's drum ging, den würzigen und gesunden Anis in angenehme Spirituosen zu verwandeln. Am Anfang gab's den magischen Absinth. Da war / ist aber nicht nur Anis drin, sondern auch die teuflisch toxischen Spitzen vom Wermutkraut (im Vermouth sind's die ungiftigen Blüten!). Deshalb wurde Absinth vor rund 85 Jahren verboten, ist seit kurzem wieder erlaubt, soll aber doch wieder verboten werden. Und das alles mit so viel Grund, dass wir keinen Absinth trinken. Warum auch? Schließlich haben die Franzosen, genauer gesagt Herr Pernod, den ganz ähnlich schmeckenden Pastis erfunden – ohne das Wermut-Nervengift Thujon. Pastis hat bei vernünftiger Trinkstärke und -menge die belebende Wirkung des verruchten Vorgängers und ist genauso chic. Als Likör mit Anisgeschmack gibt es in Frankreich Anisette & Co. Den alten Ägyptern eifern aber auch alle andern Länder am Mittelmeer nach, wo Anis und Sternanis wächst. Denn Anis-Cocktails kühlen bei heftiger Sommerhitze. Mastika auf dem Balkan, Ouzo in Griechenland, der in allen moslemischen Ländern am Mittelmeer hergestellte Raki, Escarchado aus Portugal, Anis del Mono oder Anis la Castellana aus Spanien – die Zahl der Absinth-Abkömmlinge ist groß. Allen gemeinsam: maßvoll genossen sind sie ohne Risiken und Nebenwirkungen.

»Von hier sind es nur 700 km nach Paris.« »Nur ist gut. Da ist Venedig näher!« »Dann will ich halt nur ins Elsass. Aber in ein echtes Bistro.« »Bistro? Geht doch auch hier zu Hause. Mit Bistro-Food und Anisée-Drinks.«

Doc. Alex

Absinth ist magisch

Und Wodka nicht? Trendy ja, aber nicht magisch. O.K., Wodka ist reiner, kein Kraut drin wie im Absinth. Aber Wodka wechselt in Kombination mit Wasser seine Farbe nicht. Warum macht das Absinth? Und Pastis auch? Das hatte sich schon Albert Einstein gefragt. Und die Lösung gefunden: Absinth wird aus Anis und Wermutkraut, Pastis aus Anis, Curaçao Triple Sec aus Bitterorangen gemacht. Diese Pflanzen geben ätherische Öle ab, die sich im Alkohol lösen. Kommt Wasser dazu, wird der Alkohol verdünnt. Dann werden die Aromatics wieder ölig, also fester und sichtbar. Jetzt kann sich das Licht darin brechen und das magische Schillern erzeugen. Fachbegriff dafür: »opalisieren«, was vom Edelstein Opal kommt, der auf die gleiche Art funkelt. Den Farbwechsel im Glas nennt man Louche-Effekt (frz. louche = eintrüben). Aber Achtung: Louche kann auch »verdächtig« heißen und das sollten diese Drinks erst einmal sein. Die für den optischen Kick verantwortlichen ätherischen Öle wirken nicht nur aufs Auge, sondern auch auf den Kopf: erhöhte Katergefahr! Hilft nur ausprobieren, ob man's verträgt.

Ganz klassisch

Pastis, Ouzo oder Raki trinkt man gemixt mit kühlem Leitungswasser. Die Pariser Methode geht so: 1 Teil Anisée, 4 Teile Wasser. Rund ums Mittelmeer ist man wegen der Hitze vorsichtiger und mischt nach der Marseiller Methode: 1 Teil Anisée, 5 Teile Wasser. In Südfrankreich gibt man gerne noch 1 Schuss Grenadinesirup dazu oder 1 Würfel Zucker, der auf der so genannten Pernod-Gabel durch den Drink gezogen wird, bis er sich auflöst. Eis kommt übrigens nicht in den Drink: Der Körper würde zu viel Energie brauchen, um den Drink im Magen auf Körpertemperatur zu bringen.

Das passt zu Anisées:

Die Anisées sind entfernte Verwandte des Gins. Gin ist mit Gewürzen aromatisierter Branntwein, Pastis und Anislikör ist ein mit Gewürzen aromatisierter Mix aus Branntwein und Wein. Und das ist anders als beim Gin: Gin ist meistens trocken. Anisées gibt's von sehr trocken (z. B. HB von Henri Bardouin, dem Sirup-Spezialisten aus der Provence, oder viele Rakis) über mittelsüß (z. B. Pastis 51 von Pernod-Ricard, viele Ouzo) bis sehr süß (z. B Anislikör Anisette von Marie Brizard, dem französischen Likörhersteller). Und so wird mit Anisées gemixt:

trockene Anisées – hier darf Süße dazu. Die Würze des Anis passt zu allen tropischen Fruchtsirups, gibt aber auch Pfefferminzsirup eine zusätzliche Dimension. Mit Soda verlängern. War's jetzt zu süß, beim nächsten Mal mit Tonic probieren. Würze pur!

mittelsüße Anisées – hier heißt es, die Balance zu halten. Das klappt am besten mit Fruchtsäften. Mit eisgekühltem Orangensaft ist's sehr erfrischend, mit Kirschnektar würzig-herb. Ein alter Trick vom Mittelmeer: Die »medium sweets« mit Gemüsesäften – mit oder ohne Joghurt – kombinieren. Das ersetzt an sehr heißen Tagen schon mal den Aperitif und das Mittagessen.

süße Anisées – Anislikör gibt's in mehreren Farben, der bekannteste ist aber kristallklar. Deshalb kann man damit einfach nur nach Geschmack mixen und muss nicht auf die passende Farbkombination achten (siehe »Farbenspiele«, Seite 94). Mit heißem Orangensaft und 1 Zimtstange zum Umrühren wird's ein Drink für die Vorweihnachtszeit. Mit eiskaltem Orangensaft und 1 Schuss Curaçao ein Longdrink für heiße Sommernächte. Mit anderen Fruchtsäften und bitter-süßen Softdrinks wie Bitter Lemon, Bitter Orange oder Tonic geht's genauso gut.

Und wer möchte, kann auch noch auf die Mix-Tipps vom Gin (Seite 58) zurückgreifen.

Das schmeckt zu Anisées:

Bistro-Food ist basic und schnell gemacht, aber die Zutaten müssen vom Besten sein. Franzosen sind verwöhnt! Wir kaufen Flute, die etwas dickeren Baguettes, und füllen sie lecker. Mit Brie, Honigschinken à la française, Roastbeef und natürlich Salatblättern. Brioche schmecken super mit Geflügellebercreme (am besten Mousson de Canard nehmen, die französische Entenlebercreme). Als warmer Hauptgang: Quiche. Einfach eine tiefgekühlte kaufen und fix im Ofen aufbacken. Und als Dessert, da gönnen wir uns ein erfrischendes Zitronensorbet mit je 1 Schuss Anislikör, Blue Curaçao und Sekt.

Anisées plus:

Anislikör kann man mit jedem beliebigen anderen Likör halb und halb als Shooter im Shaker mixen. Anisette plus Crème de Cassis nennt sich Black Beauty Shooter, mit Erdbeerlikör wird's der Candy Cane Shooter. Aus 2 cl Anisette, 2 cl Blue Curaçao und 2 cl Zitronensaft entsteht der Longdrink Arctic Ice (mit Soda auffüllen). Anisette und Pastis setzt man gerne tropfenweise als Aromageber ein wie im Fascination aus 2 cl Vermouth Dry, 4 cl Gin, 1 Spritzer weißem Crème de Menthe und 1 Spritzer Anisette (shaken). Oder im Castle Dip: 3 cl weißen Crème de Menthe und 3 cl Calvados shaken und mit 3 Spritzern Pastis abschmecken. Pastis schmeckt aber auch in größeren Mengen. Etwas für Romantiker ist der in ganz vielen Grüntönen schillernde Glad Eye Cocktail: 2 cl grünen Crème de Menthe und 4 cl Pastis kurz shaken. Wird Vermouth Rosso statt Pfefferminzlikör genommen, ist der Maccaroni im Shaker. Für den feinen Waldorf kommt noch Irish Whiskey und Angostura dazu: 2 cl Vermouth Rosso, 2 cl Pastis, 2 cl Whiskey mit 2 Spritzern Angostura würzen und shaken.

So wird mit Anisées gefeiert:

Klar ist es bei uns nicht wie im französischen Bistro. Viele haben schon versucht, außerhalb Frankreichs ein Bistro aufzumachen mit genau der Atmo, wie sie in Frankreich selbst im verschlafensten Dorfbistro herrscht. Klappt nicht. Nicht mal, wenn Deko, Möbel, Drinks, Essen, selbst der Koch und die Bedienung mitgebracht wurden. Ist vielleicht so, weil wir wissen, dass draußen vor der Tür niemand Boule spielt, dass kein Pariser Busfahrer hupt. Andere Idee: Leben wie Gott in Frankreich. Vielleicht klappt's ja dann? Deko: alles, was uns an Frankreich erinnert. Muss nicht mal französisch sein, wichtig ist die Stimmung. Manchmal tut's schon ein Brioche und die (deutsche) Vogue auf dem Küchentisch. Kostüm: chic, classique oder léger. Die Drinks: Anisées comme il faut; mit Leitungswasser – fine à l'eau; mit Fruchtsaft – fruité. Oder als »Le Cocktail«. Und alles avec glace oder glacé: mit Eis.

Pastis Flip

li: Anisée Speciale_mi: Duchess_re: Sazerac

Pastis Flip

klassisch

4 Eiswürfel (möglichst groß)
2 cl Pastis
4 cl Weißwein
1 TL Puderzucker
1 Eigelb (ganz frisch!)
frisch geriebene Muskatnuss

Der Flip ist einer der großen Barklassiker. Hier in einer Version mit würzigem Pastis und Weißwein.
Alle Zutaten in den Shaker geben, gut verschließen und kurz, aber kraftvoll schütteln. Den schaumigen Flip durch ein Sieb in ein Sektglas abseihen.
Mit Muskatnuss bestreuen und sofort mit einem Strohhalm servieren.
TIPP: Flips sind Longdrinks, die traditionell am späten Vormittag oder am Nachmittag gemixt werden. Sie sind aber auch am Abend als Night-Cup gar nicht übel.
Wichtig: Ist der Drink verwässert, schmeckt er nicht mehr. Also möglichst große Eiswürfel mit einer Temperatur um den Gefrierpunkt verwenden (siehe auch Doc.-Alex-Kasten, Seite 28) und den Cocktail fix shaken.
Flips dürfen nie zu lange geschüttelt und müssen sofort getrunken werden – sonst zerfällt die Eigelbbindung und der Drink löst sich in seine Bestandteile auf.

Anisée Speciale

würzig

4 Eiswürfel
4 cl Pastis oder Absinth
2 Spritzer Orangebitter
100 ml stilles Mineralwasser (direkt aus dem Kühlschrank)

Eiswürfel in ein kleines Becherglas füllen. Den Pastis oder Absinth darüber gießen und mit dem Orangebitter würzen. Mit dem Löffel gut umrühren und mit Wasser auffüllen.

Duchess

würzig

4 Eiswürfel
2 cl Vermouth Rosso
2 cl Vermouth Dry
2 cl Pastis oder Absinth

Eine Cocktailschale vorkühlen. Die Eiswürfel grob zerkleinern und in den Shaker füllen.
Vermouth und Pastis oder Absinth dazuschütten, Shaker sicher verschließen und alles kurz durchschütteln.
Durch ein Sieb in die Cocktailschale gießen.
Zum Wohl mit einem der World-Cocktails.

Sazerac

klassisch

4 EL crushed ice
5 cl Pastis oder Absinth
6 cl Whisk(e)y
2 Spritzer Angostura
2 Spritzer Zuckersirup (darf aber auch ein bisschen mehr sein)
1 Scheibe von einer unbehandelten Zitrone

Crushed ice in den Shaker füllen, Pastis oder Absinth und Whisk(e)y mit dazugeben. Den Angostura und Zuckersirup (wer will, kann den Sazerac gerne auch etwas süßer mixen) darüber gießen.
Shaker schließen und alles schnell, aber gründlich durchschütteln. Durchs Sieb in ein Cocktailglas abseihen.
Die Zitronenscheibe sanft über dem Drink ausdrücken und dazugeben.
TIPP: Traditionell wird der Sazerac mit Absinth gemixt. Pastis schmeckt aber genauso und genauso gut – und er ist verträglicher als der Absinth.

li: Yellow Dragon_re: Hemingway

Block and Fall

li: Pink Angel_re: Cheers

Yellow Dragon

süß

4 EL crushed ice
6 cl Pastis
6 cl Milch
6 cl Sahne
2 cl Zuckersirup

Einfacher geht es nicht mehr: Damit der »Gelbe Drache« sich genüsslich im Glase räkeln kann, einfach alle Zutaten im Elektromixer kurz schaumig aufschlagen und in ein Longdrinkglas füllen. Den Strohhalm nicht vergessen!

Hemingway

anregend

5 cl Pastis (eisgekühlt!)
etwa 150 ml Sekt (ebenfalls herrlich kalt!)

Pastis in ein Sektglas gießen und mit so viel Sekt auffüllen, bis der Drink magisch und exotisch schillert.
TIPP: Dieser Cocktail wurde angeblich von Ernest Hemingway persönlich erfunden. Damit wäre er vermutlich der erste, aber bestimmt nicht der letzte Drink, der mit dem Namen des Schriftstellers verbunden ist. Dessen Leben hat sich nämlich vorwiegend in den Bars der Welt abgespielt.
Übrigens: Je nach verwendeter Pastis-Marke wird der Cocktail weiß oder gelblich. Am Geschmack ändert sich dadurch nichts: der ist immer lecker.

Block and Fall

klassisch

4 Eiswürfel
2 cl Brandy
2 cl Curaçao Triple Sec
1 cl Calvados
1 cl Pastis

Alle Zutaten im Shaker kräftig schütteln, bis dieser außen beschlägt. Durch das Sieb in ein Cocktailglas abseihen und langsam, aber genüsslich trinken. Vorsicht, der hat's nämlich in sich!
TIPP: Ein Shortdrink-Klassiker aus der großen Zeit der American-Bar. Und auch heute noch kann jeder Profi-Barmann das Rezept aus dem Handgelenk schütteln.

Pink Angel

cremig

4 EL crushed ice
3 cl alkoholfreier Pastis
3 cl Orangensaft
3 cl Sahne
3 cl Preiselbeersirup

Alle Zutaten im Elektromixer auf der Höchststufe schaumig rühren. Inhalt durch ein Sieb in ein kleines Weinglas oder eine große Cocktailschale (oder auch ein anderes Glas) füllen.

Cheers

erfrischend

2 cl Orangensaft
2 cl alkoholfreier Pastis
4 Eiswürfel
1 Stück unbehandelte Orangenschale
etwa 150 ml Tonic Water (eisgekühlt!)

Orangensaft und Pastis in ein Longdrinkglas füllen. Eiswürfel dazugeben, gut umrühren. Orangenschale über dem Drink zusammendrücken, bis ein wenig Schalenöl in den Cocktail tropft.
Nochmals umrühren und das Glas mit dem Tonic Water auffüllen.

Wein, Cidre, Sherry, Port

Wein. Entsteht von selbst, wenn Saft rumsteht. Nicht nur der von Trauben.

Auf jedem Obst leben Hefepilze. Wird aus dem Obst Saft gepresst, kommen die Hefepilze von der Schale in den Saft und fangen an zu fressen. Sie lieben Zucker und sie produzieren Alkohol. So wird aus Trauben- und anderem Obstsaft Wein. Im Mittelalter war das die Idee: Wasser war oft verdorben (da gab es noch kein Wasserwerk und keine Filter), also stellte man aus allem Obst erst Saft und dann Wein her. Dass Saft durch Erhitzen haltbar wird, ist nämlich erst seit 160 Jahren bekannt. Am Anfang machte man aus jedem, wirklich jedem Obst Wein. Auf dem Land ist das immer noch so. Bald aber waren sich alle einig, dass nur der Wein aus Trauben toller Wein ist. Alle? Nein. Ein kleines Dorf im Norden von Gallien leistete heftigen Widerstand – und produzierte nur Wein aus Äpfeln. Das tun die Bretonen und Normanen bis heute und sind Stolz auf ihren Cidre, wie der Apfelwein dort heißt. In Britannien nennt man ihn dagegen Cider und bei uns Apfelmost. Puristen sollten jetzt dieses Buch schließen und Wine Basics aufschlagen. Da steht alles über Wein und wie man ihn rein und ungemixt genießt. Hier geht es nämlich ganz rebellisch damit weiter, aus Wein Cocktails und Drinks zu zaubern. Denn: Rot- oder Weißwein, Obstwein oder Cidre – mixen kann man mit allen. Beim Portwein und beim Sherry haben das sogar schon die Hersteller angefangen (was sie getan haben, um ihre Weine zu Amigos der Liköre zu machen, wird auf der nächsten Seite verraten). Bei den anderen Weinen müssen wir selbst ran. Also los!

»Weißt du noch, damals in Sevilla? Unser Tapeo Andaluz?«
»Da war eine Tapas-Bar nach der anderen. Toller Sherry, geile Häppchen, coole Cocktails. Total gut!«
»Weißt du was? Wir feiern jetzt eine Tapas-Party. Zuhause.«

Doc. Alex

Wann ist ein Wein süß?

Na, so eine dumme Frage, oder? Wein ist süß, wenn er halt so schmeckt. Echt? Warum ist dann Diät-Queens Lieblings-Zinfandel aus Kalifornien so pappsüß, obwohl auf dem Etikett steht, dass nur 0,49 g Fruchtzucker (also nicht mal ein Kaffeelöffel voll) pro Liter drin ist? Und warum besticht die Trockenbeerenauslese durch angenehme Lieblichkeit, obwohl sie aus extrem zuckerhaltigen Trauben gemacht wurde und über 250 g Restzucker pro Liter hat? Das liegt daran, dass die Zunge und das Weinetikett zwei unterschiedliche Sprachen sprechen. Auf dem Etikett steht, wie viel Zucker wirklich im Wein ist. Die Zunge schmeckt aber die Zucker-Säure-Balance im Wein. Nicht der Zucker, sondern die Fruchtsäure entscheidet also, wie süß ein Wein schmeckt. Je mehr Säure drin ist, desto mehr Zucker verträgt ein rundum gut schmeckender Wein. Der Zinfandel hat fast gar keine Säure und ist deshalb sehr süß, die Trockenbeerenauslese mit 500-mal so viel Zucker besitzt dagegen viel Säure und schmeckt deshalb angenehm süß. Was das für den Cocktail heißt? Ist er zu süß, muss mehr Zitrone rein.

Das passt zu Wein & Co.:

Ob Wein, Cidre, Sherry oder Port – mixen kann man mit allem. Allerdings sind nur die mit Alkohol aufgespriteten Süßweine wie Sherry oder Port so geschmacksintensiv, dass sie wie eine Basis-Spirituose schon in kleinen Mengen dem Cocktail Charakter verleihen. Alle anderen Weine dienen zum Verlängern von Spirituosen oder Sirups.

Weißwein. Zum Mixen am besten einen jungen, spritzigen Wein mit viel Frucht nehmen. Schwere, süßere Weißweine passen dagegen gut in eine Schorle, ihnen tut das Prickeln und die Frische der Kohlensäure vom Soda gut. Mit Zitronenstücken und Zitronensaft abrunden. Fruchtsirups und Weinschorlen gehen auch prima zusammen. Dazu vielleicht den passenden Likör kombinieren.

Rotwein. Ist nicht ganz so leicht zu verwenden. Die Gerbsäure, die während einer längeren Reifung im Holzfass vom Fass in den Wein übergangen ist, kann im Drink stören. Also nur einen jungen, leichten Roten aus dem Edelstahltank nehmen und mit herbem Fruchtsaft mixen wie in der Sangria. Ananassaft ist lecker, Orange auch.

Sherry. Der helle, trockene Sherry Fino ist der beste Mix-Partner aller Sherry-Sorten. Erst mal dran schnüffeln. Riecht er mehr nach Zitrone? Dann mit Fruchtsaft, Sirups aller Art und Sodawasser kombinieren. Oder ist eine ganz feine Salznote zu erkennen? Dann passt er auch in Gemüsecocktails. Mit Chilipulver scharf machen oder mit Joghurt abmildern!

Portwein. Weißer Port schmeckt ultrascharf mit 1 Schuss Limettensirup und viel Tonic Water. Das Lieblingsgetränk aller Portbarone. Und unseres im Sommer. Ist aber auch gut mit Fruchtsirups oder Minzeblättchen und Ginger Ale. Roter Port mag dagegen Likör und Sahne lieber. Kirsche und Schokolade wäre Ton in Ton, Himbeer oder Apfel das Kontrastprogramm.

Cidre/Cider: Gehört in alle fruchtigen Longdrinks mit Sirup, Saft und ganz viel Eis. Trockener Cidre schmeckt auch mit Gemüse: Tomate, Karotte, selbst Rote Beete.

Mixen fängt schon früh an...

... beim Wein. Bereits zum noch gärenden, sehr süßen Traubenmost kommt hochprozentiger Alkohol. Der Schub Alk bringt die Hefepilze um, der Wein erhält so genauso viel Promille wie ein Likör und hat noch viel Süße aus dem Traubensaft. Das macht man meistens im Süden – etwa in Jerez / Spanien für Sherry, in Porto / Portugal für Portwein, auf Madeira / Portugal für Madeira und auf Sizilien / Italien für Marsala. Deshalb heißen diese Weine auch Südweine. Und sind Barkeepers Lieblinge. Warum? Weil sie so aromatisch wie Wein und so süß wie Likör sind. Selbst probieren!

Das schmeckt zu Wein & Co.:

Wenn uns schon mal alles so spanisch vorkommt, muss es Tapas geben. Etwa Migas. Das sind altbackene Weißbrotwürfel, die mit Sherry und Paprikapulver angefeuchtet werden und dann trocknen dürfen. Kommen die Gäste, nur noch Olivenöl mit Speckstückchen, Knoblauchscheibchen und einer Chilischote erhitzen und die Migas knusprig braun braten. Auch lecker: Escalivada. Mittelmeergemüse und Kartoffelscheiben kurz vor der Party im Backofen mit Olivenöl und Knoblauch braten, dann mit einer feinen Olivenöl-Sherryessig-Vinaigrette übergießen und lauwarm mit Stangenweißbrot und Tomatensalat auf den Tisch stellen.

Wein & Co. plus:

Mixen mit Wein ist gar keine so ungewöhnliche Idee. Auch wenn Weinfans jetzt die Augen verdrehen. Noch nie eine wirklich gute Sangria getrunken? Orangenaroma, Zitronenfrische, süßer Rotwein – so schmeckt der Sommer, zumindest in Spanien. In der Bar wird Wein gerne für Cobblers genommen, das sind leichte Drinks mit viel Eis und vielen Früchten. Für den Sherry Cobbler 2 cl Kirschwasser, 4 cl Brandy, 3 Spritzer Grenadinesirup und 6 cl Sherry Fino mit 1 Hand voll crushed ice verrühren und mit Ananasstücken, Orangenscheiben und Trauben garnieren. Oder für den Portwein Cobbler 2 cl Grenadinesirup, 2 cl Curaçao, 2 cl Kirschwasser und 6 cl roten Port mit 1 Hand voll crushed ice verrühren. Wieder mit Ananas und Orangen sowie Kirschen dekorieren. Weißer Port kommt in den Broken Spur: 1 cl Gin, 1 cl Vermouth Rosso, 4 cl weißen Port mit 1 Spritzer Anislikör abschmecken und shaken. Oder 2 cl Brandy und 4 cl weißen oder Ruby Port shaken und schon steht der Porto Cocktail auf dem Tisch. Zum Schluss noch ein kalter Punsch: Becherglas zur Hälfte mit crushed ice füllen. 3 TL Grenadinesirup und den Saft von 1/2 Zitrone drübergießen. Mit trockenem Rotwein aufgießen. Umrühren. Cheers mit dem Claret Punsch.

So wird mit Wein & Co. gefeiert:

Also, von einer Bar zur nächsten wandern können wir zu Hause natürlich nicht. Oder sollen wir auch im Schlafzimmer noch mixen? Keine gute Idee. Aber Tapas, Sherry- und Wein-Cocktails können wir unseren Gästen natürlich schon anbieten. Und lassen die Amigos einfach zu uns wandern. Zur Begrüßung mixen wir einen Andalusia. Die alkoholfreie Sangria Light steht auch schon bereit. Nicht im Eimer! Wir sind ja nicht am Ballermann. Sondern in einer Karaffe im Eisbett. Die Deko: spanisch. Fächer, Mantilla, Kastagnetten und der handgetöpferter Stier aus Keramik. Kostüm: Rüschenrock für sie, schwarze Hose, weißes Hemd für ihn. Die Drinks: alles mit Sherry, Rot- und Weißwein. Schorle und coole Drinks. Und spanische Musik. Denn immer, immer wieder geht die Sonne auf...

Claret Cocktail

li: Venetian Spritz_re: Andalusia

Wine Cobbler

Claret Cocktail

würzig

4 Eiswürfel
2 cl trockener Rotwein
2 TL Curaçao Triple Sec
2 cl Brandy
1 Spritzer Pastis
1 cl Zitronensaft

Alle Zutaten im Shaker gut durchschütteln und durch ein Sieb ins Cocktailglas abseihen.
TIPP: »Claret« ist die alte, englische Bezeichnung für Wein aus der französischen Weinbauregion Bordeaux. Da die Briten über lange Jahre nur Wein aus Bordeaux tranken, wurde der Begriff schließlich auf alle trockenen Rotweine ausgedehnt. Der »Claret Cocktail« ist also ein Cocktail, der mit trockenem Rotwein gemixt wird.

Venetian Spritz

erfrischend

100 ml trockener Weißwein
2 Eiswürfel
2 cl Campari
etwa 8 cl Sodawasser
1 Scheibe von einer unbehandelten Zitrone

Wein und Eiswürfel in ein größeres Weinglas füllen. Campari darüber gießen, mit Sodawasser auffüllen.
Zitronenscheibe leicht über dem Drink zerdrücken, dazugeben. Einmal kurz umrühren.

Andalusia

anregend

3 cl Fino Sherry
2 cl Brandy
1 cl weißer Rum
4 Eiswürfel
1 Stück unbehandelte Zitronenschale

Sherry, Brandy und Rum im Rührglas mit dem Eis verrühren. Durch ein Sieb in ein Cocktailglas abseihen. Zitronenschale darüber zusammendrücken, bis etwas Schalenöl austritt, dann schwungvoll in den Drink schucken.

Wine Cobbler

fruchtig

1 Hand voll frische Früchte (Obstschale oder Marktstand plündern; erlaubt ist, was schmeckt)
4 EL crushed ice
1 TL Zuckersirup
1 Spritzer Grenadinesirup
1 Spritzer Curaçao Triple Sec
100 ml Wein nach Wahl (gut sind Fino Sherry, roter Portwein, Riesling, Bordeaux oder was gerade im Kühlschrank steht, z. B. Prosecco; Hauptsache nicht zu schwer, sondern süffig)

Die Früchte waschen oder schälen, putzen und klein schneiden. Ein großes Wein- oder Becherglas mit dem crushed ice füllen. Zuckersirup hinzufügen und mit Grenadinesirup und Curaçao Triple Sec abspritzen. Mit Wein auffüllen und so lange umrühren, bis das Glas außen beschlägt.
Die Früchte ins Glas füllen, nochmals umrühren und mit einem langstieligen Löffel und einem Strohhalm genießen.

li: Pink Cider_re: Schorle de Luxe

li: Princeton_mi: Bamboo_re: Adonis

Pink Cider

erfrischend

2 cl Gin
1 cl Campari
4 EL crushed ice
etwa 150 ml Cider oder herber Apfelwein

Gin, Campari und crushed ice im Shaker kurz durchschütteln und dann gleich durch ein Sieb in ein Longdrinkglas abseihen. Mit Cider oder Apfelwein auffüllen. Fertig.

Schorle de Luxe

erfrischend

100 ml Muscadet de Sevres et de Maine
etwa 100 ml Champagner
1 Scheibe von einer unbehandelten Zitrone

Den Muscadet-Wein und den Champagner ins Gefrierfach legen und sehr gut vorkühlen. Ein großes Weinglas ebenfalls tiefkühlen. Den Muscadet ins Weinglas eingießen und mit dem Champagner auffüllen. Darüber die Zitronenscheibe leicht ausdrücken und anschließend zum Drink geben.

TIPP: Auch sehr aromatisch und erfrischend: Rieslingwein mit trockenem Winzersekt, weißer Albarinowein mit Cava aus Spanien, Pinot Grigio und italienischer Spumante kombiniert. Wer es gerne süß mag, kann Moscato d'Asti mit Asti Spumante testen. Aber dann nicht am Wein und Sekt sparen, sonst ist die Schorle de Luxe nur noch Zuckerwasser. Guter Moscato schmeckt intensiv nach saftigen, fruchtigen Muskateller-Trauben und besitzt eine feine, erfrischende Säure, die wunderbar mit der leichten Süße guter Asti Spumantes harmoniert.

Princeton

würzig

4 cl Gin
2 cl roter Portwein
4–5 Eiswürfel
2 Spritzer Orangebitter
1 Spirale aus der abgeschälten Schale einer unbehandelten Zitrone

Gin und Port mit den Eiswürfeln im Becherglas verrühren. Mit dem Orangebitter abschmecken: Bitter in den Drink spritzen, umrühren, probieren. Reicht die Würze schon? Ja? Dann Zitronenspirale sanft überm Drink ausdrücken, bis etwas Schalenöl ins Glas tropft. Umrühren, Spirale mit ins Glas geben.

Bamboo

klassisch

3 cl Fino Sherry
3 cl Vermouth Dry
4 Eiswürfel
1 Spritzer Orangebitter

Sherry und Vermouth im Rührglas mit dem Eis kräftig verrühren. Mit dem Orangebitter abschmecken, umrühren und den Drink durch ein Sieb in ein Cocktailglas abseihen.

Adonis

klassisch

4 Eiswürfel
4 cl Fino Sherry
2 cl Vermouth Rosso
1 Tropfen Orangebitter
1 Stück unbehandelte Orangenschale

Alle Zutaten (bis auf die Orangenschale) im Rührglas gut umrühren. Durchs Sieb in ein Cocktailglas abseihen.
Orangenschale über dem Glas ausdrücken, bis etwas Schalenöl austritt, dann die Schale mit ins Glas geben.

Bier

Jahrtausende alte Brautradition. Moderner Geschmack. Jetzt im Trend: mix it up.

Bier wurde schon vor Tausenden von Jahren gebraut. Wasser war damals kostbar. In heißen Sommern trockneten die Quellen aus oder wurden brackig. Da half Getreidewasser weiter. Im feuchten Frühjahr mit Getreideresten hergestellt und durch Zugabe von Hefe zum Gären gebracht, löschte das lange haltbare Bier in der Sommerhitze den Durst und machte im Winter sogar satt. Das alles ist für uns natürlich nicht mehr ausschlaggebend, Wasser kommt aus der Leitung, Eis und Essen aus dem Kühlschrank. Aber Bier wird immer noch gebraut. Weil es schmeckt. Auch in Cocktails. Das deutsche Reinheitsgebot von 1516 bestimmt, dass Bier nur aus (gemälzter) Gerste, Hopfen und Wasser gebraut werden darf. Das Gesetz wurde durch die EU aufgehoben, seither ist auch bis zu 25 % Weizen-, Roggen-, Reis- oder Maisanteil erlaubt. Das macht das Bier nicht schlechter, nur anders. Und Abwechslung erfreut. Zumal sich die meisten deutschen Brauer immer noch an das Reinheitsgebot halten. Je nach Art der Hefe, die zum Gerstenwasser kommt, entsteht ober- oder untergäriges Bier. Obergärige Biere gären bei höheren Temperaturen und entwickeln mehr Kohlensäure (das ist die althergebrachte Methode), untergärige Biere werden gekühlt gebraut und sind länger haltbar. Pils, Helles, Export, Lager und Ice Beer gehören zu den untergärigen Bieren, wogegen Alt, Kölsch, Weizenbier, aber auch englisches Bitter, Porter Ale und Stout obergärige Biere sind.

»Heute will ich nix Hartes. Heute muss es was Leichtes sein.« »Etwas gegen den Durst?« »Etwas, dass zu nem Picknick passt.« »Dann lass uns doch mit Bier mixen. Ich pack schon mal den Picknickkorb.«

Doc. Alex

Ein Bierlikör fürs Mixen

Mixen mit Bier ist nicht so einfach. Der kraftvolle Eigengeschmack des Gerstensaftes ordnet sich nur schwer dem Harmoniestreben eines kreativen Barkeepers unter, der aus mehreren Flüssigkeiten die perfekt schmeckende Verbindung zu Stande bringen will. Okay, man kann Bier zum Verlängern verwenden (wie's garantiert gelingt, steht gleich nebenan). Man kann es aber auch wie die französische Vermouth-Firma Picon machen und einen speziellen Bierlikör entwickeln. Der heißt Picon Amer Bière, wird vor allem im Elsass geliebt und schmeckt ein bisschen wie Curaçao (kein Wunder, wird ja auch mit Bitterorangen aromatisiert), ist aber dunkel und bitter-süß. Die Light-Version davon heißt übrigens Picon Amer Club, ist weniger dunkel, aber auch bitter-süß und passt gut in Weißwein. Man kann die beiden Picons gerne austauschen und sowohl die eine wie auch die andere Sorte für Bier und für Wein nehmen. 2–4 cl Amer wird mit 1 Schuss Zitronensaft oder 1/2 Schnapsglas Zitronensirup pikanter gemacht und mit Bier aufgefüllt. Köstlich! Mit ein Grund, mal wieder ins Alsace zu fahren ...

Das passt zu Bier:

Beliner Weiße mit Himbeersirup? Dieses seltsame Gemisch kann man trinken? Aber ja doch, ist gar nicht so übel, zugegebenermaßen allerdings Geschmackssache. Für die Version mit Waldmeister statt mit Himbeere gilt das Gleiche. Aber unheimlich viele Biertrinker lieben Berliner Weiße heiß und innig – und vielleicht auch Amer Bière. Was in jedem Fall beweist, dass Bier mit Schuss eine tolle Sache sein kann. Wenn's einem schmeckt. Und das sollte jeder unbedingt für sich selbst ausprobieren. Anregungen zum Kombinieren mit Bier gibt's hier. Sofort und gleich.

Bier mit Zitrone: Keine neue, aber eine leckere Idee. Was wäre Kristallweizen ohne Zitronenscheibe? Zitrone macht aber auch dunkles, süßeres Bier pikanter oder rundet in Verbindung mit Zuckersirup herbes Pils ab.

Bier mit Softdrinks: Cola-Bier und Radler sind hier auf alle Fälle die Renner. Würziger ist Tonic-Bier (also Bier mit Tonic Water) oder Ale'n'Ale (also Brown Ale mit Ginger Ale gemixt). Statt englischem Brown Ale geht auch Altbier, das schmeckt ähnlich.

Bier mit Fruchtsaft und Sirup: Am besten herbere Fruchtsäfte nehmen, die harmonieren prima mit dem zarten Hefearoma und der kräftigen Kohlensäure vom Bier. Ist's nicht süß genug, mit nem Schuss Fruchtsirup nachhelfen.

Bier mit Sekt: Einige Vorschläge dafür stehen im Rezeptteil, ansonsten darf man dabei kreativ sein. Wer sich mit der Grundidee anfreunden kann, findet garantiert den passenden Fruchtsirup und Fruchtlikör, um der Kombination Bier und Sekt noch ein paar schmackhafte Aspekte abzugewinnen.

Ja früher, da …

… war der Unterschied klar: Es gab typisch deutsches Bier, das schmeckte ganz gut und man konnte es überall kaufen. Und dann war da noch das Bier aus dem Ausland, das schmeckte auch gut, aber anders und es war etwas schwieriger zu bekommen. Deshalb war es total in und alle wollten's haben. Irgendwann sind die deutschen Brauer aufgewacht und nun steht auch hippes Bier aus Deutschland in den Regalen. Bier wie Fiege Bläck Mäx. Oder Karlsberg Blondes oder Desperados. Erdinger Champ. Oder Binding Lager. Bier, das nicht nur cool schmeckt, sondern sich auch cool mixt.

Bier plus:

Also. Hier kommt jetzt ein Klischee. Alle Männer mögen Bier und alle Frauen Cocktails. Glatt gelogen. Aber gehen wir mal davon aus, dass es stimmt. Dann müssten doch alle Männer und alle Frauen Bier-Cocktails gern haben, oder? So wie den Gasoline. 1 cl Kirschlikör mit 2 cl Brandy shaken und erst mit 6 cl Cola und dann mit 6 cl hellem Bier auffüllen. Vorsichtig umrühren. Oder den Green Wave. 1 cl Blue Curaçao mit 1 Schuss Wodka und 1 Schuss Limettensaft abschmecken und mit kühlem, hellen Bier auffüllen. In München hab ich mal Isarwasser getrunken. Das war lecker. 2 cl Blue Curaçao mit 6 cl Apfelsaft im Longdrinkglas verrühren und mit eiskaltem Lager auffüllen. Bier und Sahne? Igitt? Testen und vom Gegenteil überzeugen lassen: 1 cl weißen Rum und 1 cl Kirschnektar (oder auch 2 cl Kirschlikör) mit 6 cl Sahne shaken und mit 120 ml dunklem Bier auffüllen. Nennt sich Ladies' Choice. Und zum Schluss ein Special aus London: Lime'n'Lager. 3 cl Limettensirup in ein Bierglas geben und langsam mit eiskaltem Lager auffüllen. Das kann übrigens auch eines aus Deutschland sein!

Das schmeckt zu Bier:

Brezeln und anderes Laugengebäck, dazu luftgetrocknete Rauchwürstel oder Salami in etwas dickeren Scheiben passen prima in den Picknickkorb. Bier ist sehr nahrhaft, enthält viel Vitamin B (aus der Hefe) und schmeckt füllig, da darf der Snack dazu aber auch gerne mal etwas leichter ausfallen und andere Vitamine mitbringen. Wie wäre es mit Frischkäsecreme und Gemüse zum Dippen? Oder kontrastreicher: Obstsalat mit Zitronendressing? Zu Hefeweizen oder Bockbier schmeckt Käse: am besten fertige Käsesandwiches einpacken, die mit pikant-fruchtigem Chutney den gewissen Pfiff bekommen.

So wird mit Bier gefeiert:

Bier und Sommer, na, das schreit doch geradezu nach einem schattigen Plätzchen unter einem großen Baum, nach einer karierten Decke, leckeren Sandwiches und blubbernden Bierdrinks. Am schönsten ist es in der Nähe von Wasser. Dann kann ich meine Füße reinhängen – Sommerfrische pur. Das Bier daneben, dann wird's gleich mitgekühlt. Alles andere ist Improvisationssache. Ob man am Wasser grillen darf oder nicht. Welche Salate und Snacks die Freunde mitbringen. Ich sorg in jedem Fall für genügend Softdrinks, die sich mit meinem Bier mixen lassen und bring die Flasche Amer mit. Für Nina auch den Himbeersirup. Und für Doc. Alex hab ich Zuckersirup und Muskatnuss dabei, der will immer einen Dark Sangaree. »Gibt es etwas Schöneres, als mit Bier gegen die Sommerhitze anzugehen und dabei so zu genießen wie einst die britischen Offiziere im Hitze flirrenden Indien?«, fragt er mich jedesmal. Ich sag: »Nein.« Denn ich kenn auch nichts Schöneres.

li: Dandy Shandy_re: Dog's Nose

li: Dark Champion_re: Diplomaten-Schorle

Dandy Shandy

süß

120 ml Dunkelbier (eisgekühlt!)
etwa 8 cl Orangenlimonade (ebenfalls richtig schön kalt!)
1 Scheibe von einer unbehandelten Orange

Das Dunkelbier in ein Longdrinkglas gießen. Mit der Orangenlimonade auffüllen.
Die Orangenscheibe über dem Drink ganz leicht ausdrücken, dann einschneiden und an den Glasrand stecken.

Dog's Nose

würzig

4 cl Gin
4 Eiswürfel
etwa 150 ml Schwarzbier (eisgekühlt!)
frisch geriebene Muskatnuss

Gin im Rührglas mit den Eiswürfeln verrühren und durch ein Sieb in ein Longdrinkglas abseihen.
Mit dem Schwarzbier auffüllen und etwas Muskatnuss darüber streuen.

Dark Champion

erfrischend

5 cl Cognac
4 Eiswürfel
3 cl Dunkelbier (eisgekühlt!)
3 cl helles Bier (auch aus dem Kühlschrank)

Den Cognac im Rührglas mit den Eiswürfeln schnell verrühren und durch ein Sieb in eine große Cocktailschale abseihen.
Mit den beiden Biersorten auffüllen. Sanft umrühren, damit nichts überblubbert.

Diplomaten-Schorle

mild

120 ml Pils (eisgekühlt!)
etwa 80 ml süßer, roter Sekt (auch gut kalt)

Kurz und schmerzlos zum Erfolg: Das Pils in ein Longdrinkglas gießen und mit dem Sekt auffüllen.

Basic Tipp

Die Cocktail-Kategorie Sangaree stammt wie der Punsch und der Sling ursprünglich aus Indien, die Idee wurde vor 200 Jahren von britischen Offizieren nach Europa mitgebracht. Heute sind Sangarees immer noch in. Für diese Drinks werden Alkoholika mit wenig Wasser verlängert und mit Zucker und einer Spur Muskatnuss abgeschmeckt. Was bei Hochprozentern Geschmackssache ist, macht Bier-Sangarees zu feinwürzigen und leichten Sommerdrinks. Statt mit gesüßtem Bier schmeckt der Sangaree auch mit verdünntem Weiß- oder Rotwein. Steht noch eine Flasche mit zu süßem Wein im Kühlschrank (ein Geschenk von Tante Luise?), dann Wein mit 2 Eiswürfeln eiskalt rühren und mit Muskatnuss würzen (nicht vergessen!).

li: Dark Sangaree_re: Ale Sangaree

li: Bicycle Shandy_re: Tristam Shandy

Black Velvet

Dark Sangaree

würzig

150 ml Dunkelbier (eisgekühlt!)
etwa 5 cl Soda- oder Mineralwasser
1 TL Zuckersirup
frisch geriebene Muskatnuss

Bier in ein Longdrinkglas gießen und mit dem Wasser auffüllen. Mit Sirup abschmecken und Muskatnuss würzen. Kurz umrühren.

Ale Sangaree

würzig

1 TL fein gehackter, kandierter Ingwer
1 TL Zuckersirup
5 cl Wodka
4 Eiswürfel
etwa 150 ml helles Bier oder Export (eisgekühlt!)
frisch geriebene Muskatnuss

Ingwer in einem großen Becherglas zerdrücken. Zuckersirup, Wodka und Eiswürfel im Shaker schütteln und durch das Sieb über dem Ingwer abseihen.
Ingwer nochmals kurz andrücken, damit der Wodka Geschmack annimmt, dann mit dem Bier auffüllen. Muskatnuss darüber streuen.

Bicycle Shandy

süß

120 ml alkoholfreies Helles (eisgekühlt!)
etwa 8 cl Zitronenlimonade (ebenfalls frisch aus dem Kühlschrank)
1 Stück unbehandelte Zitronenschale

Die alkoholfreie Variante der Radler-Schorle: Bier mit Zitronenlimonade in einem Longdrinkglas verrühren (Vorsicht: blubbert!). Zitronenschale darüber ausdrücken, so dass etwas Schalenöl in die Schorle tropft, und ins Glas werfen. Das gibt erst den richtigen Pfiff!

Tristam Shandy

süß

120 ml alkoholfreies Pils (eisgekühlt!)
etwa 8 cl Ginger Ale (natürlich auch hübsch kalt)
1 Scheibe von einer unbehandelten Zitrone

Pils in ein Longdrinkglas füllen und mit dem Ginger Ale auffüllen. Die Zitronenscheibe mit ins Glas geben.

Black Velvet

würzig

100 ml Dunkelbier oder Stout (eisgekühlt!)
100 ml Sekt oder Champagner (selbstverständlich genauso kalt)

Bier und Champagner ganz langsam in eine Karaffe gießen und vorsichtig verrühren.
Mit einem Sektglas servieren und selbst eingießen lassen.
TIPP: Im ersten Moment eine erstaunliche Kombination – tatsächlich aber ziemlich beliebt. Weil lecker. Prost!

Basic Tipp

In der Bar nennt man alle Mixdrinks aus Bier und süßen Softdrinks »Shandy«. Bekanntester seiner Art ist natürlich das Radler aus hellem Bier und Zitronenlimonade.

BAILEYS
ORIGINAL IRISH CREAM
BAILEYS THE ORIGINAL

Hot drinks

Hot drinks for cool nights. Okay, okay, okay, ich geb's ja zu. Wenn ich an Cocktails denke, dann ist meine Welt so karibikblau wie das Cover von diesem Buch.

Dann lieg ich unter Palmen und süffle eisgekühlte Drinks. Leider, leider ist das Leben nicht immer so sonnig und bunt. Und weil dieses Buch an 365 Tagen im Jahr Fun machen soll, ist hier auch für Schmuddelwetter vorgesorgt. Also: hot drinks for cool nights. Und da gibt es wesentlich mehr heiße Mischungen als Irish Coffee, Tee mit Rum oder Glühwein. Schließlich sind Bars nicht nur in den heißen Tropen zu finden, sondern auf der ganzen Welt. Auch dort, wo es die meiste Zeit nass und unfreundlich ist. Natürlich auch in Skigebieten, wo sich jeder jederzeit aufwärmen will und muss. Das macht erfinderisch. Auf der Karte stehen: heiße Egg Noggs aus Spirituosen, Eigelb und aufgekochter Milch, die in den USA zur Xmas-Time gehören wie bei uns der Sekt zu Silvester. Heiße Punsche, die in den Bars der Skigebiete erfunden wurden – ob in den Rockies oder den Alpen. Hot Slings mit heißem Tee und Grogs, die aus mit erhitztem Wasser verdünnten Schnäpsen und Fruchtsaft gemixt werden. Kommen Gewürze dazu, ist der Grog kein Grog mehr, sondern ein Hot Toddy. Und dazu all die Möglichkeiten, die sich aus glühendem Saft, dampfendem Kaffee und heißer Schokolade ergeben. Wenn's also draußen vor der Tür ungemütlich ist, wird's drinnen problemlos und im Handumdrehen urig. Dann wird die Bar eröffnet und ein hot drink nach dem anderen gemixt. Und allen wird es ganz warm ums Herz.

li: Irish Cow_re: Hot Rum Cow

Café Brulot

li: Irish Coffee_re: Hokus Pokus

Irish Cow

süß

5 cl Baileys
150 ml heiße Milch
Zucker nach Geschmack

Einfacher geht's nicht: Baileys in einem hitzebeständigen Glas mit der Milch verrühren und nach Geschmack zuckern.
TIPP: Wer möchte, gibt noch ein bisschen Schokopulver mit dazu. Dann schmeckt der Baileys intensiver.

Hot Rum Cow

würzig

5 cl brauner Rum
1 TL Puderzucker
1 Spritzer Angostura
1 Prise frisch geriebene Muskatnuss
200 ml heiße Milch

Rum und Puderzucker in den Elektromixer füllen, mit Angostura und Muskat würzen. Milch dazu, kurz aufschäumen lassen und in ein hitzebeständiges Glas gießen.

Café Brulot

klassisch

1 Stückchen Vanilleschote
1 Zimtstange
1 Gewürznelke
je 1 Stück unbehandelte Orangen- und Zitronenschale
150 ml sehr heißer Kaffee
3 cl Brandy oder Cognac
1 Zuckerwürfel

Vanilleschote längs aufschlitzen und mit Zimtstange, Nelke und Zitrusschalen in den Kaffee geben und kurz ziehen lassen.
Die Würzzutaten aus dem Kaffee nehmen. Die Zimtstange nicht wegwerfen, sondern trockentupfen.
Brandy oder Cognac und Zuckerwürfel in eine kleine Saucenkelle geben und über der Flamme einer Kerze kurz erwärmen (dann brennt der Alkohol besser).
Den Alkohol anzünden und brennend in den Kaffee gießen. Ausbrennen lassen, dann mit der Zimtstange umrühren.

Irish Coffee

klassisch

3–4 EL Sahne (gut gekühlt!)
Puderzucker nach Geschmack
1 Zuckerwürfel (oder nach Belieben mehr)
5 cl Whisk(e)y (am besten Irish Whisky)
150 ml heißer Kaffee

Die Sahne kurz schlagen, bis sie sehr cremig ist, aber noch gut fließt. Nach Lust und Laune mit dem Puderzucker süßen.
Zucker in einer kleinen Saucenkelle über der Kerzenflamme erwärmen, bis der Zucker geschmolzen ist. Whisk(e)y dazugeben, anzünden, kurz brennen lassen. Mit dem Kaffee in ein hitzebeständiges Glas gießen, umrühren.
Einen Esslöffel mit der Rundung nach oben von innen an den Glasrand halten und die Sahne vorsichtig darauf schöpfen. Mit Löffel und Strohhalm servieren.

Hokus Pokus

cremig

1 Eigelb
1 TL Puderzucker
150 ml helles Bier
1 cl Whisk(e)y
frisch geriebene Muskatnuss

li: Hot Pineapple Punsch_re: Peppermint Twist

li: Bettzipfel_re: Speedy

Das Eigelb und den Puderzucker in einer kleinen Schüssel mit dem Schneebesen leicht schaumig schlagen.
Bier und Whisk(e)y in einem Topf erhitzen. Den Eigelbschaum langsam unter Rühren mit dem Schneebesen dazugeben und alles cremig aufschlagen, bis der Drink heiß ist. Aber nicht kochen lassen, sonst gerinnt das Eigelb! In ein hitzebeständiges Glas füllen, Muskat darüber streuen, sofort servieren.

Hot Pineapple Punsch

(für 6 Leute)

fruchtig

1/2 Ananas
100 ml roter Portwein
100 ml Ananassaft
1/2 l starker Schwarztee
2 Flaschen trockener Rotwein (à 0,75 l)
Saft von 3 Zitronen
100 ml Brandy

Die Ananas schälen, entstrunken und in kleine Stücke schneiden. In eine hitzebeständige Bowle-Schüssel legen und den Port darüber gießen. 2 Stunden ziehen lassen.
Ananassaft, Tee, Rotwein, Zitronensaft und den Brandy in einem Topf bis kurz vor dem Siedepunkt erhitzen. Dann über die Ananasscheiben gießen. Gut umrühren.

Peppermint Twist

süß

1 Beutel Pfefferminztee
180 ml kochend heiße Milch
2 cl Brandy
1 TL Zucker

Den Teebeutel in einem hitzebeständigen Glas mit der Milch übergießen und 2 Minuten darin ziehen lassen, dann gut ausdrücken und entfernen. (Oder den Beutel in kalte Milch hängen und beides zusammen in der Mikrowelle schnell erhitzen.)
Die Pfefferminzmilch mit Brandy und Zucker abschmecken.
TIPP: Der Peppermint Twist ist die »heiße« Schwester des Cocktail-Klassikers **Grasshopper** (Seite 83). Das Rezept klingt etwas abgedreht, aber der Drink ist sehr, sehr schmackig.

Bettzipfel

(für 2 Leute)

würzig

1 Eigelb (ganz frisch!)
1 TL Puderzucker
1/4 l dunkles Bier
1/4 l Milch

Eigelb und Zucker mit dem Schneebesen schaumig rühren.
Bier und Milch in einem Topf erhitzen. Den Eigelbschaum so lange kräftig unterrühren, bis der Drink cremig wird. Aber nicht kochen lassen! Wenn die ersten Bläschen kommen, sofort Topf vom Herd nehmen und den Drink in hitzebeständige Gläser füllen.

Speedy

würzig

2 TL Zitronensaft
1 TL Puderzucker
6 cl Whisk(e)y
etwa 120 ml kochend heißes Wasser
1 TL Calvados

Zitronensaft mit Puderzucker in einem hitzebeständigen Glas verrühren. Den Whisk(e)y darüber gießen, mit Wasser auffüllen, gut umrühren und mit Calvados abschmecken.

li: Tee Flambée_re: Femme Fatale

li: Glühpunsch_re: Black & White

Tee Flambé

klassisch

4 cl brauner Rum
1 TL Zucker
180 ml heißer Schwarztee

Den Rum und den Zucker in eine kleine Saucenkelle geben und über einer Kerzenflamme erwärmen.
Den Rum anzünden und noch brennend in ein hitzebeständiges Glas schütten. Mit dem Tee ablöschen.
TIPP: Für diesen »hot drink« kann man nicht nur karibischen Rum, sondern auch jamaikanischen German Flavour Rum verwenden, der sonst nur in den Rumtopf gehört. Oder eben in Tee mit Rum.
Tee Flambée schmeckt auch mit Curaçao Triple Sec statt des Rums und bekommt dann ein feines Orangenaroma.

Femme Fatale

mild

5 cl Curaçao Triple Sec
5 cl Rotwein
Zucker nach Geschmack
100 ml kochend heißes Wasser
1 Scheibe von einer unbehandelten Orange

Curaçao und Rotwein in einem hitzebeständigen Glas oder einer großen Tasse mit Zucker nach Geschmack verrühren.
Mit dem Wasser übergießen. Die Orangenscheibe dazugeben und mit einem Löffel leicht zerdrücken. Dampfend genießen.

Glühpunsch

fruchtig

200 ml heißer roter Traubensaft
1 EL Glühweingewürze (z. B. Zimtstange, Gewürznelke, Anis, getrocknete Orangenschale – oder 1 Beutel Fertiggewürz)
Zucker nach Geschmack

Traubensaft in einem hitzebeständigen Glas mit den Gewürzen 5 Minuten ziehen lassen. Dann Gewürze entfernen und den Punsch nach Geschmack zuckern.

Black & White

cremig

2 cl Sahne (gut gekühlt!)
50 g geriebene Vollmilchschokolade
180 ml heiße Milch
Zucker nach Geschmack

Die Sahne mit dem Schneebesen oder dem Handrührgerät steif schlagen.
Die Schokolade in ein hitzebeständiges Glas geben und die Milch unter Rühren dazugießen. Weiter rühren, bis die Schokolade geschmolzen ist.
Die heiße Schokolade mit Zucker ganz nach Belieben abschmecken. Sahne als kleines Häubchen darauf setzen.

Heißer Normanne

Heißer Normanne

würzig

150 ml Apfelsaft oder Cidre
2 cl Brandy
1 Zimtstange
4 Gewürznelken
2 Stückchen kandierter Ingwer

Den Apfelsaft oder Cidre in einen Topf gießen und langsam erhitzen.
Brandy, Zimtstange, Gewürznelken und den kandierten Ingwer hinzufügen und alles ein wenig ziehen lassen. Den Ingwer mit einem Löffel leicht zerdrücken, dann wird das Aroma intensiver.
Den Drink durch ein Sieb in ein hitzebeständiges Glas umfüllen.
TIPP: Wer mag, peppt den Drink optisch auf. Zimtstange kurz abkühlen lassen, bis man sie anfassen kann, dann als »Löffel« zum Umrühren benutzen.

Norman Punsch

Norman Punsch

fruchtig

150 ml Apfelsaft
5 cl starker Schwarztee
2 TL Zitronensaft
2 TL Orangensaft
1 cl Calvados
1 TL Zucker
1 Zimtstange
1 Gewürznelke
1 Spirale aus der abgeschnittenen Schale einer unbehandelten Orange

Apfelsaft, Tee, Zitronen- und Orangensaft, Calvados und Zucker in einem Topf bis kurz vor dem Siedepunkt erhitzen – geht auch in der Mikrowelle.
Die Zimtstange ein paar Mal zerbrechen und mit der Nelke in ein Tee-Ei oder einen Teefilter stecken. In den Topf einhängen und in der Flüssigkeit 5 Minuten ziehen lassen.
Gewürze wieder entfernen und den Punsch in ein hitzebeständiges Glas umfüllen. Die Orangenspirale ins Glas hängen und sachte ein wenig ausdrücken, so dass ein wenig Schalenöl in den Punsch gelangt.
TIPP: Eine zusätzliche Zimtstange zum Umrühren im Glas gibt noch mehr Aroma.

American Tea Punsch

American Tea Punsch

anregend

120 ml starker Schwarztee
1 Gewürznelke
1 cl Zuckersirup
4 cl brauner Rum
1 Spritzer Curaçao Triple Sec
1 Scheibe von einer unbehandelten Zitrone

Den Schwarztee in einen kleinen Topf gießen und sanft erhitzen. Die Gewürznelke dazugeben und 5 Minuten ziehen lassen.
Die Nelke aus dem Tee nehmen und diesen nochmals sehr gut erhitzen. Dann in ein hitzebeständiges Glas oder einen Teebecher gießen.
Zuckersirup, Rum und Curaçao Triple Sec dazugießen. Die Zitronenscheibe auf einen Holzspieß stecken und mit in den Punsch geben. Weiter ziehen lassen, bis der Punsch trinkbar ist – und dann endlich ganz in Ruhe genießen.

FRANKEN
BRUNNEN

Bowlen

Das erste schriftliche Bowlen-Rezept stammt von den Römern. Genauer gesagt von Apicius.

Dieser bekannte Kochbuchautor kreierte übrigens auch das erste überlieferte Spargelrezept, und so gehen wir mal davon aus, dass der Mann wusste, was gut schmeckt. Und das tat er wirklich. Zumindest, was Bowlen angeht. Gut, zugegeben, derzeit sind Bowlen ein bisschen aus der Mode – was uns aber überhaupt nicht stört. Erlaubt ist, was gefällt und was mundet. Hippen wir die Bowlen auf. Das Wort selbst ist ja leider schon Englisch (Bar-Sprache!) und beschreibt die typische Form der Bowle-Schüssel: so rund wie eine Bowling-Kugel. Also orientieren wir uns an dem, was in die Bowle reinkommt und nennen sie Cool Punch. Das ist barsprachlich auch korrekt und so erlauben wir uns, einen eigenen Geschmack zu haben. Vor allem aber gestehen wir uns zu, unsere eigenen Partys zu genießen. Denn Bowlen werden rechtzeitig »angesetzt«. Wenn dann die Gäste kommen, wird der »Ansatz« nur noch mit Wein und Sekt verlängert. Eis dazu und die Party rollt. Klar, am Ende ist es der Gastgeber, der gedankenverloren in der Bowle-Schüssel rührt und überlegt, wie er den Teppich wieder sauber bekommt. Wenn er aber über Organisationstalent verfügt, sind wenigstens die Bowle-Gläser schon wieder gewaschen und im Schrank verstaut. Und was lehrt uns das: Partys sind zum Genießen da. Auch für den Gastgeber. Mit Bowle auf dem Büffet. Aber Achtung. Es könnte sein, dass die Gäste noch Freunde mitbringen. Denn Cool Punsches sind cool. Oder nicht?

li: Porto Cup_re: Aztekenbowle

Apple Jack Punsch

Porto Cup

(nur für mich)
klassisch

2 Scheiben von einer unbehandelten Zitrone
5 cl roter Portwein
7 1/2 cl trockener Weißwein
4 Eiswürfel
etwa 7 cl Sodawasser

Die Zitronenscheiben in einem kleinen Krug zerdrücken. Port, Weißwein und Eiswürfel hinzufügen und alles unter Rühren kühlen. Durch ein Sieb in ein Glas abgießen und mit dem Sodawasser auffüllen.

Aztekenbowle

(für 20 Leute)
erfrischend

2 Flaschen Tequila (à 0,75 l)
1 l Schwarztee
100 ml Grapefruitsaft
300 ml Zitronensaft
Zuckersirup nach Geschmack

Zuerst mal Tequila, Tee und Zitrussäfte in den Kühlschrank stellen und gut vorkühlen.
Dann alles mischen und mit Zuckersirup abrunden, bis die Bowle noch erfrischend, aber nicht mehr säuerlich schmeckt.

TIPP: Die Bowle für die Riesenfete. Am besten beim Nachbarn noch eine große Salatschüssel ausleihen und die Bowle auf zwei Schüsseln verteilen. Erste Bowle aufs Buffet stellen, die zweite im Kühlschrank kalt halten, bis sie gebraucht wird. Let's party!

Bananaboat Bowle

(für 6 Leute, ohne Bild)
anregend

3 vollreife Bananen
1 cl Limettensaft
100 ml weißer Rum oder Cachaça
100 ml Brandy
1 Flasche Traubensaft (0,75 l)
2 Flaschen Sekt (à 0,75 l)

Bananen in sehr feine Scheiben schneiden und in eine hübsche, große Schüssel geben, die aber im Kühlschrank noch Platz hat.
Mit Limettensaft, Rum oder Cachaça, Brandy und Traubensaft übergießen. Kühl stellen und mindestens 2 Stunden ziehen lassen. Den Sekt auch kalt stellen.
Wenn die ersten Gäste kommen, die Schüssel mit dem Bowle-Ansatz wenn möglich auf viel Eis stellen (sieht schön aus und kühl gut) und mit dem Sekt aufgießen. Einmal umrühren und die Gäste an die Gläser lassen.

Apple Jack Punsch

(für 6 Leute)
fruchtig

1 Flasche Calvados (0,75 l)
100 ml Grenadinesirup
1/4 l Zitronensaft
1/4 l Orangensaft
2 Eiswürfelbehälter voller Eiswürfel
2 Flaschen Ginger Ale (à 0,75 l, unbedingt gut gekühlt!)
1 Apfel
20 Minzeblättchen

Calvados, Grenadinesirup und Zitrussäfte in einer Bowle-Schüssel mit dem Eis gut verrühren. Mit dem Ginger Ale auffüllen.
Apfel schälen, vierteln, entkernen, in feine Spalten schneiden und dazugeben. Minzeblättchen mit den Fingern leicht anreiben, zur Bowle geben und darauf schwimmen lassen. Mit einer Saucenkelle servieren.
TIPP: Für Gäste, die den Apple Jack Punsch ein wenig leichter mögen, noch 2 Flaschen Ginger Ale und 1 Flasche Apfelsaft zum Verlängern neben die Bowlen-Schüssel stellen.

Kullerpfirsich à la Veneziana

li: Melonenbowle_re: Weiße Gurkenbowle

Kullerpfirsich alla Veneziana

(nur für mich)

erfrischend

1 weißer Pfirsich
1 cl Campari
etwa 150 ml Prosecco (eisgekühlt!)

Den Pfirsich waschen und rundum mit einer Gabel mehrfach einstechen. In ein bauchiges Glas legen und mit Campari übergießen.
Mit Prosecco auffüllen und darauf warten, dass sich der Pfirsich zu drehen beginnt.

Pirates Cove Bowle

(für 6 Leute, Bild Seite 128)

fruchtig

je 3 unbehandelte Orangen und Zitronen
je 10 Kirschen und Kumquats
200 ml Blue-Curaçao-Sirup
200 ml Zitronensaft
3 l Zitronenlimonade (eisgekühlt!)

Früchte waschen. Orangen und Zitronen in Scheiben schneiden und mit Kirschen und Kumquats in ein Bowle-Gefäß legen.
Mit Blue-Curaçao-Sirup und Zitronensaft übergießen, 10 Minuten ziehen lassen. Mit der Zitronenlimonade auffüllen.

Melonenbowle

(für 2 Leute)

klassisch

1 vollreife Charentais-Melone
Zucker nach Geschmack
100 ml weißer Portwein oder
Curaçao Triple Sec
etwa 200 ml Sekt (eisgekühlt!)

Die Melone quer halbieren und mit einem Löffel alle Kerne entfernen. Das Fruchtfleisch mit wenig Zucker ausstreuen.
Portwein oder Curaçao Triple Sec mit einem Pinsel draufstreichen und marinieren lassen, bis es Zeit für den »Nachtisch« ist.
Dann die Melonenhälften mit Sekt auffüllen und gleich zu zweit genießen: dazu Löffel und Strohhalme nicht vergessen, denn das Fruchtfleisch schmeckt himmlisch.
TIPP: Beim Melonenkauf auf dem Markt mit der Marktfrau handeln, bis an der Melone geschnuppert werden darf. Die am stärksten duftende Melone kaufen. Nur was auf dem Markt intensiv fruchtig riecht, taugt auch als Schale für diese Bowle.
Besonders hübsch sieht die Bowle aus, wenn sie in Melonenhälften mit Zackenrand serviert wird. Dazu die Melone anstatt sie einfach quer durchzuschneiden, mit einem langen, spitzen Messer zickzackförmig einstechen.

Weiße Gurkenbowle

(für 6 Leute)

erfrischend

1 Salatgurke
5 cl Tequila
200 ml weißer Portwein
2 Flaschen Pinot Grigio (à 0,75 l)
1 Flasche Sekt (0,75 l)

Die Gurke schälen und ein paar Scheiben für die Deko abschneiden. Dann die Gurke der Länge nach halbieren und mit Hilfe eines Esslöffels die Kerne herauskratzen.
Gurkenhälften quer in dünne Scheiben schneiden und in einer Schüssel in Kühlschrankgröße mit Tequila und Port übergießen. Im Kühlschrank etwa 2 Stunden kalt stellen und marinieren lassen. Pinot Grigio und Sekt ebenfalls kühlen.
Wenn die Gäste kommen, den Bowlen-Ansatz durch ein Sieb in ein Bowle-Gefäß abseihen und mit dem Wein und Sekt auffüllen.
Mit den beiseite gelegten Gurkenscheiben dekorieren.

Pick me ups

Espresso Sour

Am besten schon vor der Party 4 cl starken Espresso kochen und kalt stellen. Dann am nächsten Morgen zur Katerbekämpfung mit je 1 cl Zitronensaft und Limettensirup im Rührglas mit 4 Eiswürfeln kräftig verrühren. Durch das Sieb in ein kleines Saftglas abseihen. 3–4 Eiswürfel dazu und mit einem Schuss Soda- oder Mineralwasser auffüllen.
TIPP: Wer's süßer mag, gibt noch Zucker mit ins Rührglas und rührt erst mal ohne Eis, bis sich der Zucker gelöst hat. Dann die Eiswürfel dazu, rühren, abgießen – und erst einmal wieder fit werden!

Mexican Doc

100 g gewürfelte Tomaten (frisch oder aus der Dose), Saft von je 1 Orange und Limette, 1 TL fein gehackte Zwiebeln, 1 Spritzer Cream Sherry oder Zuckersirup und 2 cl Tequila in den Elektromixer füllen. Dann noch nach Geschmack rote oder grüne Chilis (mit oder ohne Kerne) dazugeben – und 4 EL crushed ice. Alles mixen und in ein Glas gießen. Mit etwas Salz abschmecken und sofort trinken. Weckt auf der Stelle alle guten Geister!
TIPP: Der Mexican Doc schmeckt auch ohne Alkohol sehr lecker, dann aber unbedingt etwas schärfer würzen.

Corpse Reviver

4 cl Brandy und je 2 cl Vermouth Dry und Calvados im Shaker mischen und mit Zuckersirup nach Belieben abschmecken. Dann 4 Eiswürfel dazu, kurz durchschütteln und durch ein Sieb in ein kleines Weinglas abseihen. Und jetzt? Na, genießen.
TIPP: Jede Bar der Welt hat ihr eigenes Rezept für einen Corpse Reviver, was auf Deutsch übrigens »Schnapsleichen-Wiederbeleber« bedeutet. Alle Rezepte sind seit Jahren erprobt und helfen wirklich. Die meisten schmecken allerdings scheußlich. Dieser hier ist dagegen richtig lecker!

Pick-me-up-Smoothie

1 vollreifen Pfirsich blanchieren, häuten, entkernen und in Stücke schneiden. Mit 1 Kugel Vanilleeis und 100 g Naturjoghurt in den Elektromixer geben und zu einem glatten Drink vermixen. In eine Cocktailschale füllen und langsam und genüsslich durch einen Strohhalm suckeln. Belebt sofort!
TIPP: Dieser Smoothie baut den Körper am Morgen danach wieder auf, was wichtig ist, denn Alkohol zehrt. Der Eiweiß- und Glukogenspeicher ist angezapft worden und muss wieder gefüllt werden. Der Smoothie tut's.

Banana Choco Blaster

1 Kugel Schokoladeneis, 1 TL Schokopulver und 150 ml Milch mit 1/2 Banane in Stücken in den Elektromixer füllen und schaumig rühren. In ein bauchiges Glas gießen. Mit Löffel und Strohhalm servieren. Die restliche Banane dazu aufschneiden.
TIPP: Blasters sind Drinks, die sofort ihre »Sprengkraft« (das heißt »blast« nämlich auf Englisch) entfalten. Dieser Blaster sorgt sofort wieder für gute Laune und sprengt den Kater einfach weg.

Bloody Mary

4 Eiswürfel mit 4 cl Wodka, 8 cl Tomatensaft, Saft von 1/2 Zitrone und je 2 Spritzern Worcestersauce und Tabasco im Rührglas kräftig verrühren. Durch ein Sieb ins Trinkglas abseihen und mit frisch gemahlenem Pfeffer und Salz abschmecken.
TIPP: Ohne Wodka heißt die Bloody Mary **Virgin Mary** und die mixt man genauso wie die alkoholische Version. Aus der Bloody Mary wird eine beliebte Version der **Prairie Oyster**, wenn der Drink in einer Cocktailschale angerichtet und mit 1 ganz frischen Eigelb gekrönt wird. Aber Achtung: Die muss sofort getrunken werden, damit das Ei nicht zu lange rumsteht – Salmonellengefahr!

Ginger Refresher

2 Stücke kandierten Ingwer und 1 unbehandelte Zitronenscheibe in ein hitzebeständiges Glas legen und mit dem Stößel oder dem Löffel gut zerstoßen. Etwa 150 ml heißen Kräutertee drübergießen und mit Zucker abschmecken.
TIPP: Die Refresher sind Pick me ups auf Kräuter- und Gewürzbasis, die mit Zitrone aufgepeppt werden. Genau das Richtige für den geschundenen Körper: Zitrone sorgt für belebenden Vitamin-C-Schub, der Ingwer und der Kräutertee beruhigen den Magen.

Bullshot

6 cl Wodka, 120 ml Rinderbouillon (am allerbesten selbst gekochte, Alternative: Rinderfond aus dem Glas nehmen; bitte keinen Brühwürfel verwenden, der Drink schmeckt sonst nicht), Saft von 1/2 Zitrone, 1 TL Worcestersauce, 1 Spritzer Tabasco und 1 Prise Cayennepfeffer mit 4 Eiswürfeln im Rührglas kräftig verrühren. Mit Salz und frisch gemahlenem Pfeffer abschmecken, durch ein Sieb in ein Becherglas gießen. Mit 1 unbehandelten Zitronenscheibe und 1 Eiswürfel toppen.
TIPP: Der Bullshot schmeckt auch mit etwas weniger Alkohol (statt Wodka nur 1 Schuss trockenen Sherry nehmen) oder ganz ohne.

Apotheke

Diese »Apotheke« weckt Tote wieder auf! 4 Eiswürfel in ein Rührglas füllen, 3 cl Fernet Branca, 2 cl grünen Crème de Menthe und nach Belieben 1 cl Zitronensaft darüber gießen und gut verrühren. Durch ein Sieb in ein Trinkglas abseihen und auf Ex die Kehle entlanglaufen lassen.
TIPP: Noch heftiger, aber auch wirkungsvoller wird die Apotheke, wenn der Crème de Menthe durch Fernet Menta ersetzt wird. Es kann natürlich sein, dass dann so manch einem das Wasser in die Augen schießt. Aber schließlich gilt das Motto: »Ist das zu hart, bist du zu weich.« Also Augen zu und durch.

Hardware

Longdrinkglas

Longdrinks sind alle Cocktails, die mit Sodawasser, Softdrinks, Saft oder Sekt auf den Inhalt eines durchschnittlichen Wasserglases verlängert werden. Da gehen 20 cl (200 ml / 0,2 l) rein – eine gehörige Menge, an der man sich länger festhalten kann. Deshalb lohnt es sich, in attraktive Gläser zu investieren. Und weil Longdrinks nur wenig dekoriert werden und das Glas wirken darf: ne Orangen- oder Zitronenscheibe muss genügen, sonst ist das Trinken nicht mehr easy. Tropische Fruchtcocktails sehen in großen, bauchigen Weingläsern besser aus, da ist am Rand genug Platz für die Obstdeko.

Shortdrinkglas

Shortdrinks sind die klassischen »kurzen« Cocktails, die meistens aus ein bis zwei Hochprozentern mit Likör oder Zitronensaft gemixt werden. Das ergibt dann 6 cl (60 ml / 0,06 l), der Inhalt von drei Schnapsgläschen. Diese Menge passt ideal in das klassische Martiniglas, aber auch in kleine Wein- oder schöne Sherrygläser. Einfach mal bei Muttern in der Vitrine nachsehen, oft verstauben da die feinsten Likörschalen, Digestifgläser oder auch Sektflöten in genau der richtigen Größe, weil niemand weiß, was man daraus trinken kann. Fix mitnehmen und Cocktails drin servieren!

Mediumdrinkglas

Mediums sind die »mittellangen« Cocktails, die meistens aus einer hochprozentigen Basis bestehen, die mit wenig Sodawasser, Saft oder Sekt sanft verlängert wird. Diese Drinks haben um die 10 cl Inhalt (100 ml / 0,1 l), deshalb passen sie perfekt in kleine Sekt- oder Weingläser. Klassische Bargläser für diese Größe sind auch Bechergläser, wie man sie von »Whisky on the rocks« kennt. Aber Achtung: Serviert man den Drink mit zerstoßenem Eis, wird das Mediumdrinkglas schnell zu klein – hier dann lieber gleich ein größeres Glas nehmen.

Öffner

Vor jedem Drinkmixen steht das Öffnen einer oder mehrerer Flaschen. Klar, dass der Barman da einen Profi-Öffner für Kronkorkenflaschen braucht. In unserer Basic-Bar reicht uns auch der ganz normale aus der Küche. Wichtiger ist nämlich ein guter Korkenzieher. Der darf gerne aus der Profi-Ecke stammen: damit der Korken beim Öffnen nicht zu bröseln anfängt und der ganze Wein vor dem Mixen erst mal durchs Barsieb laufen muss. Wenn wir schon bei der Profi-Ausrüstung sind: Wäre ein Spezialöffner für Sekt- und Schampusflaschen nicht ein pfiffiges und dekoratives Spielzeug?

Muskatreibe

Ist im Hause vielleicht noch gar nicht vorhanden? Das darf nicht sein, denn Muskat gibt Pfiff: ganz klar hellen Saucen, vor allem aber cremigen Cocktails – am besten frisch auf der Reibe gerieben, direkt über den Drink. So ist das würzige Aroma viel intensiver als das von vorgemahlenem Muskat. Das liegt am ätherischen Muskatnussöl, das sich beim fertigen Pulver schon lange in Luft aufgelöst hat, bevor das Gewürz auch nur in die Nähe der Basic-Bar kam. Wir mixen frisch, also reiben wir auch frisch. Wohl bekomms!

Quirl

Heute schon geswizzelt? Nein? Ist aber Fun, wenn die Kohlensäure die Nase kitzelt. Spaß beiseite: Swizzle-Sticks sind kleine Quirls, mit denen Banausen die Perlen aus dem Champagner herausquirlen. Viel lustiger ist es aber, damit Longdrinks immer wieder zum Blubbern zu bringen. Dann sind die Hände beschäftigt, während die Augen flirten. Und dem Magen gefällt hinterher der sanftere Drink. Besonders spannend wird es, wenn man dazu einen batteriebetriebenen Cappuccino-Quirl nimmt. Perlt's nur sanft oder wird die Laune überschäumend?

Verschließer

Ist die Flasche einmal auf, muss sie auch wieder zugemacht werden. Bar-Profis haben dafür spezielle Korken, die beim Wiederaufmachen und -verschließen nicht so leicht kaputt gehen. Einige sind auch für die Basic-Bar praktisch. Etwa der Sektverschluss für die angebrochene Schaumweinflasche. Oder der verschließbare Kippkorken mit Röhrchen, der genau auf die Campari-Bottle passt. Auch Spritzkorken sind praktisch – für die Sachen, von denen nur wenige Tropfen in den Drink sollen. Gibt's alles im Küchenladen. Einfach mal nachfragen.

Barset

Für die Basic-Ausführung sind Flaschenöffner, langstieliger Löffel, feines Sieb und scharfes Messer in jeder Küche zu finden. Statt der Eiszange reicht am Anfang auch ein großer Esslöffel zum Eisfischen. Geht eigentlich ... eigentlich wär's aber doch toll, wenn man so einen Eyecatcher hätte ... Da hilft nur eins: gute Freunde zur Geburtstags-Cocktailparty einladen (Wink-mit-dem-Zaunpfahl-Methode) und sich ein Barset schenken lassen. Oder einmal den Abend in der Szene-Bar ausfallen lassen und die Ersparnis im Küchenladen investieren. Ist nämlich bezahlbar, so ein Barset.

Eiskübel

Es gibt ihn von hochedel aus schwerem Silber über modisch aus Glitzeracryl bis schlicht aus Glas. In große Kühler passt die Sektflasche hinein, in kleine immerhin genug Eiswürfel für eine Party zu sechst. Für die Basic-Bar brauchbar sind alle. Zur Not tut's sogar ein (allerdings sehr sauberer!) Plastikeimer oder eine Schüssel. Sein Zweck: Eiswürfel temperieren. Wozu das gut ist, erklärt Doc. Alex auf Seite 28. Wie's geht? So: Eiswürfel in den Kübel geben und mit kaltem Leitungswasser übergießen. 5 Minuten später stimmt die Temperatur der Würfel und es kann losgehen – mit dem coolen Cocktailmixen.

Glossar

% vol: Abkürzung für den Alkoholgehalt in Prozent des Inhalts.

Abseihen: Drink aus dem Rührglas, Shaker oder Mixer durch das Barsieb (basic: feines Küchensieb) in ein Cocktailglas gießen.

Absinth: Aromatisiertes Kräuterdestillat mit den giftigen Inhaltsstoffen Thujon und Tanaceton. Nach der Festlegung von Grenzwerten dieser Inhaltsstoffe wurde das über 80 Jahre alte Verbot von Absinth vor kurzem aufgehoben. Mittlerweile wird über ein erneutes Verbot nachgedacht, da aktuelle medizinische Studien die Vermutung nahe legen, dass die Inhaltsstoffe doch gefährlicher sind als gedacht.

Abspritzen: Ein Stückchen Zitronen- oder Orangenschale (unbedingt unbehandelte nehmen!) so über dem Drink zusammendrücken, dass ein paar Spritzer Schalenöl mit in den Cocktail tropfen. Schale danach mit in den Drink geben.

Advokaat: Eierlikör aus Zucker, Eigelb und neutralem Alkohol.

Aguardiente de Cana: »Lebenswasser« aus Cana (=Zuckerrohr). Siehe auch Cachaça.

Altersangabe: bezieht sich immer auf den jüngsten Teil einer Destillatsmischung. Das Durchschnittsalter des Brandes kann also wesentlich höher sein.

Amaretto: Mandellikör aus Italien. Bekannteste Marke ist »Amaretto di Saronno«.

Amaro: Bitter-Aperitif aus Italien.

Amer Picon: Französischer Mixlikör zum Mixen mit Bier (Amer Bière) oder Wein (Amer Club).

Angostura Aromatic Bitter: Würzbitter, der in der Stadt Angostura in Guyana (Karibik) erfunden wurde und nur tropfenweise zum Aromatisieren benutzt wird.

Anisados: in Spanien sehr beliebte Anis-Liköre; es gibt sie »dulce« oder »secco«, also mit mehr oder weniger Alkohol.

Anisette: wasserheller, französischer Anis-Likör, von Marie Brizard um die Mitte des 18. Jahrhunderts erfunden.

Aperitif: Spirituose oder Cocktail, die / der vor dem Essen getrunken wird, um den Appetit anzuregen. Damit das klappt, darf der Aperitif oder Before-Dinner-Drink (Barchinesisch für Aperitif) nicht zu süß sein oder muss gehörig Säure besitzen.

Applejack: Britische und amerikanische Bezeichnung für Apfelschnaps, meistens wie Calvados fassgereift, oft auch gezuckert.

Apricot Brandy: Aprikosen-Fruchtsaft-Likör.

Aquavit: Über Jahrhunderte wurden mit dem vom Lateinischen Aqua vitae, Lebenswasser, abgeleiteten Aquavit bzw. Akvavit alle Spirituosen bezeichnet. Mit der Zeit bürgerte sich hier zu Lande der Begriff jedoch ausschließlich für die meist mit Kümmel, Kräutern und Gewürzen aromatisierten Spirituosen aus Skandinavien ein.

Armagnac: Französische Weinbrandsorte.

Arrak: Asiatisches oder orientalisches Destillat aus Reis und Zuckerrohr. Wird nur selten zum Mixen benutzt.

Averna: italienischer Bitter-Aperitif.

Baileys: irischer Sahnelikör, in dem heutzutage kein Whiskey mehr ist.

Batida de Coco: Kokosnusslikör.

Bénédictine: eigentlich D.O.M Bénédictine, denn der französische Kräuterlikör wird heute noch von Mönchen hergestellt, die mit dem D.O.M. (Abkürzung für Deo Optimo Maximo – dem besten, größten Gott) ihrem Schöpfer danken.

Bitterbranntweine: hochprozentige, bittere Kräuterschnäpse mit bis zu 130 verschiedenen Kräuterauszügen.

Bitterliköre: Im Gegensatz zu den Bitterbranntweinen wird das intensive Aroma der Kräuterauszüge durch Zusatz von Zuckersirup abgemildert.

Bittersirup: alkoholfreie Version der vor allem in Italien beliebten Bitter-Aperitifs. Das Aroma kommt aus den Kräuterauszügen, die Farbe entsteht durch knallroten Farbstoff, der Geschmack erinnert an Campari & Co. Nur eben alles ohne Alkohol.

Blended Scotch: Aus Malt und leichterem Grainwhisky gemixter schottischer Whisky.

Blue Curaçao: mit Farbstoff blau gefärbter Curaçao. Es gibt auch orangefarbenen, roten, gelben, grünen und goldenen Curaçao.

Blue-Curaçao-Sirup: Zuckersirup mit knallblauer Farbe und feinem Orangenaroma, begeistert nicht nur Kinder.

Boonekamp: Bitterschnaps, der mit Kräutern wie Anis, Fenchel, Süßholz, Koriander, Zimt, Nelken und vielen anderen mehr aromatisiert wurde.

Bourbon: amerikanische Whiskey-Sorte.

Brandy de Jerez: spanischer Weinbrand aus der Region um Jerez, der Heimat des Sherry.

Byrrh: französischer Weinaperitif, eher bitter im Geschmack.

Cachaça: hauptsächlich in Brasilien hergestellter, klarer Brand aus Zuckerrohrsaft.

Calisay: Kräuter- und Bitterlikör aus Spanien.

Calvados: französischer Apfelschnaps aus der Normandie, im Fass gereift.

Campari: italienischer Bitteraperitif.

Chambéry: französischer Vermouth.

Chartreuse: Kräuter- und Bitterlikör aus Frankreich, gibt's in den Farben Gelb (jaune) und Grün (verte).

Cherry Brandy: Kirschlikör.

Cidre / Cider: französische bzw. englische Bezeichnung für Apfelwein. Aus Cidre wird Calvados (in der Normandie) oder Eau-de-vie de Cidre gebrannt, aus Cider Applejack Brandy.

Cocoribe: Kokosnusslikör.

Cognac: französischer Weinbrand.

Cointreau: bekannteste Marke bei Curaçao Triple Sec.

Cordial Campari: italienischer Himbeer-Weinbrand-Likör aus dem Hause Campari.

Cordial Medoc: Weinbrandlikör mit Veilchenaroma.

Crème de ...: dickflüssige, sehr süße Liköre.

Crème de Bananes: Bananenlikör.

Crème de Cacao: Kakaolikör, wird klar »weiß« oder gefärbt »braun« angeboten.

Crème de Café: Kaffeelikör.

Crème de Cassis: Johannisbeerlikör, die besten kommen aus Dijon in Burgund und heißen Crème de Cassis de Dijon.

Crème de Fraises: Erdbeerlikör.

Crème de Framboises: Himbeerlikör.

Crème de Mandarine: Mandarinenlikör.

Creme de Menthe: Pfefferminzlikör, weiß oder grün.

Crème de Noyaux: Nusslikör

Crème de Rose: Rosenlikör.

Crème de Yvette: Veilchenlikör.

Curaçao: hochprozentiger Likör, der aus Curaçao-Orangen hergestellt wird, einer bitteren Pomeranzenart.

Curaçao Triple Sec: alkoholstärkere und trockene Version des normalen Curaçao.

Destillation: Brennvorgang von Spirituosen, bei dem durch Erhitzen und Auffangen der alkoholischen Dämpfe der Alkohol eines nur schwach alkoholischen Rohstoffes konzentriert wird.

Digestif: Spirituose oder Cocktail, die / der nach dem Essen getrunken wird, um die Verdauung anzuregen. Das tut er zwar nicht, wie man heute weiß, aber schmecken tun die After-Dinner-Drinks trotzdem.

Drambuie: schottischer Whisky-Honig-Likör.

Dubonnet: französischer Aperitifwein, mit Kräutern aromatisiert.

Eau-de-vie: »Lebenswasser«, französischer Begriff für Obstbrände und weiße Spirituosen.

Edellikör: Likör, der keine künstlichen Essenzen enthalten darf.

Eierlikör: aus Eigelb, Zucker und Alkohol (meistens Brandy) hergestellter Likör.

Elixir d'Anvers: goldfarbener, süßer Kräuterlikör aus Belgien.

Escorial Grün: Kräuterlikör aus Deutschland.

Fassstärke: Spirituosen lagern in Fässern mit dem Alkoholgehalt, mit dem sie destilliert wurden. Dieser liegt bei 65–78 %vol. Vor dem Abfüllen werden die Destillate dann mit Wasser auf Trinkstärke verdünnt, diese liegt bei 36–45 %vol.

Fernet: italienische Bitterspirituose, bekannteste Marke ist Fernet Branca.

Galliano: knallgelber Kräuter- und Bitterlikör aus Italien.

Genever: siehe Kapitel Gin, Seite 56.

Glayva: schottischer Whiskylikör.

Grand Marnier: Orangenlikör aus Frankreich.

Grappa: italienischer Tresterbrand aus den Traubenschalen, die nach dem Abpressen des Saftes zurückbleiben.

Grenadinesirup: knallroter Sirup, der ursprünglich aus Granatapfelsaft hergestellt wurde.

HB: bekannte Pastismarke, Abkürzung für Henri Bardouin, Sirup- und Spirituosenhersteller aus der Provence.

Hefe: Ein Mikroorganismus aus der Pilzfamilie, der Zucker in Alkohol und Kohlendioxid umwandelt und Geschmacksstoffe abgibt.

Irish Mist: irischer Sahnelikör.

Izzara: Kräuter- und Bitterlikör aus Spanien.

Jambosala: Maracuja-Fruchtnektar-Likör.

Kahlua: Kaffeelikör.

Kornbrand: Getreidebrand, der anders als Whisk(e)y nicht im Fass reift.

Licor 43: spanischer Kräuterlikör.

Longdrink: Drink mit 15–20 cl Inhalt.

Malibu: Kokosnusslikör.

Malt: übliche Abkürzung für Single Malt Scotch Whisky – schottischer Whisky (Scotch Whisky) aus gemälzter Gerste (Malt), der aus einer einzigen Destillerie (Single) stammt.

Mandarine Napoleon: Mandarinenlikör aus Cognac und Tangerinen, der aromaintensivsten Mandarinenart.

Maraschino: kristallklarer Kirschlikör aus Italien, gibt Cocktail- und Amarenakirschen den richtigen Geschmack

Mazeration: Einlegen von Früchten, Kräutern o. Ä. in Alkohol, um ihnen Farbe und Geschmack zu entziehen.

Metaxa: kein Brandy, sondern ein Likör auf Brandy-Basis. Kann aber in Cocktails wie Brandy verwendet werden.

Neutralsprit: sehr reiner, neutral schmeckender Alkohol mit mindestens 95,5 %vol, wird zur Likör- oder Süßweinerzeugung verwendet.

Orgeatsirup: Barsirup mit Mandelaroma.

Orangebitter: Würzbitter aus mit Pomeranzenschalen aromatisiertem Gin, wird nur tropfenweise verwendet.

Ouzo: griechischer Anisschnaps.

Parfait Amour: violett gefärbter Zitronenlikör.

Pastis: französiche Sammelbezeichnung für anishaltige Aperitifs, gibt es auch alkoholfrei.

Patent Still: Moderne Brennanlage, die in Größe und Funktionsweise mit den Raffinieranlagen der Erdölindustrie verwandt ist. Wird in der Spirituosenindustrie zur Herstellung großer Mengen von leichten, oft fruchtigfrischen Bränden verwendet.

Pernod: bekannte Pastismarke.

Persiko: italienischer Mandellikör.

Pimm's No 1 Cup: erfrischender Kräuterlikör auf Gin-Basis, kommt aus England.

Pisang Ambon: indonesischer Bananenlikör.

Pisco: siehe Kapitel Brandy, Seite 66.

Portwein: weißer oder roter Südwein aus Portugal, bei dem die Gärung durch Zugabe von hochprozentigem Alkohol gestoppt wird. Portwein ist deshalb immer süß.

Pot Still: Auch Alambic oder Alambicco genannt. Die seit Jahrhunderten gebräuchliche, klassische Brennblase aus Kupfer, in der der Rohstoff erst zum Rauhbrand und dann in einem zweiten Brennvorgang zu Feinbrand destilliert wird. Die Brände sind handwerklich und aufwändig hergestellt, dazu aromaintensiv und schwer.

Proof: amerikanische Bezeichnung für den Alkoholgehalt. 2° Proof entsprechen 1 %vol. Alkohol.

Punt e Mes: italienischer Bitteraperitif.

Raki: türkischer Anisschnaps.

Ramazotti: italienischer Bitter-Aperitif.

Rhum: Rum aus den französischen Überseedepartements. Rhum Agricole wird wie Cachaça aus Zuckerrohrsaft hergestellt.

Ricard: bekannte Pastis-Marke.

Sambuca: klarer Likör auf Basis von Anis und Holunderbeeren (it. Sambuca Nigra).

Schwedenpunsch: schwedischer Fruchtlikör.

Sherry: spanischer Süßwein aus Andalusien, der durch Zugabe von Alkohol verstärkt wird. Sherry gibt es in verschiedenen Sorten, fürs Mixen eignet sich der trockene Fino oder der Manzanilla am besten.

Southern Comfort: Whisky-Pfirsich-Likör.

St. Raphael: französischer Bitter-Aperitif auf Weinbasis.

Strega: Kräuter- und Bitterlikör aus Italien.

Südwein: Fachbegriff für Weine aus südlichen Ländern, deren Geschmack durch Zugabe von hochprozentigem Alkohol beeinflusst wurde (z. B. Portwein oder Sherry).

Suze: Kräuter- und Bitterlikör aus Frankreich auf Enzianbasis.

Tennessee Sour Mash: amerikanische Whiskey-Sorte, deren Maische zu mindestens 25 % aus Sour Mash bestehen muss, einem Destillationsrückstand aus vorhergegangenen Brennvorgängen.

Tia Maria: Kaffeelikör.

Vermouth: mit Kräutern aromatisierter Wein in den Geschmacksrichtungen Dry (trocken, aus Italien und Frankreich), Rosso (bittersüß), Bianco (fruchtig-mild) und Orancio (mit Orangenaroma).

Verschnitt oder Blending: Das Mischen verschiedener Spirituosen oder verschiedener Altersstufen einer Spirituose, um Jahr für Jahr ein immer gleich schmeckendes Markenprodukt anbieten zu können.

Vintage: Jahrgangsspirituose.

VS oder ★★★: internationale Bezeichnung für die jüngste Spirituosenqualität, wegen der Fruchtigkeit des Brandes am besten geeignete Qualität zum Mixen.

VSOP oder ★★★★★: nächstältere Qualitätsstufe.

XO oder ★★★★★★★: lange fassgereifte Spirituose, zum Mixen meist zu schade.

Register von A – Z

A

B

Die Cocktails – ihre Typen

anregend

bitter-süß

cremig

Impressum Das Cocktail-Basic-Team

Doris Birk Programmleitung
Birgit Rademacker Leitende Redakteurin
Bibiana Behrendt Autorin
Sigrid Burghard Projektleitung, Redaktion & Bildredaktion
Tanja Germann Redaktionsassistenz
Sebastian Dickhaut Idee & Konzept
Sabine Sälzer der Reihe
Redaktionsbüro Redaktion, Lektorat,
Christina Kempe Satz/DTP, Gestaltung
Barbara Bonisolli Fotografie (Cocktails)
Hans Gerlach Foodstyling
Claudia Juranits Mitarbeit im Studio Bonisolli
Peter von Felbert Fotografie (People)
Anne Eickenberg Fotografie (People)
Daniel Reiter Fotoassistenz
Christa Schmedes, Sigrid Burghard und Tanja Germann Food & Requisite & Styling Peoplefotografie
Sylvia Germann Styling Models
engels zahm + partner agentur für kommunikation, Gestaltung & Layout
Thomas Jankovic (www.engelszahm.de)
Susanne Mühldorfer Herstellung
Die Models:
Sylvia Germann, Annika Möller, Waldemar Moor, Markus Röleke, Michael Pendry

Schlusskorrektur: Mischa Gallé
Repro: Longo AG, Bozen
Druck und Bindung: Druckhaus Kaufmann, Lahr

Gedruckt auf Galaxi matt 150 g/qm holzfrei mattgestrichen Bilderdruck, made by M-real, exclusiv geliefert von der Papier Union

Bibiana Behrendt...

ist Foodie aus Leidenschaft, immer neugierig auf Menschen, Meinungen und Mixed Drinks (Mail to: BB@oceanos.de) und gehört durch ihre Bücher und Artikel zu den meistpublizierten deutschen Autoren, wenn es um das Thema Wein, Spirits & Cocktails geht.

Dr. Ing. Alexander Steingaß alias Doc. Alex lebt, lacht und mixt mit der Autorin und stillt auch ihren enormen Wissensdurst, wenn es um technische Zusammenhänge geht.

Ein herzliches Dankeschön geht an...
die Firmen Borco (www.borco.com) und Team Spirit (www.teamspirit.de) für Rat, Tat und schnelle Hilfe.

Bildnachweis:

Thomas Jankovic: Cocktailkirsche (auf Titel und Lesezeichen)

Barbara Bonisolli: alle Cocktailfotos; Produktfotos, S. 14/15, 22/23, 28, 38, 44, 50, 58, 66, 74, 80, 86, 94, 100, 106, 112, 118, 132, 134; Umschlagrückseite (unten rechts); Klappe vorne innen: Cocktail, Banane, Orange, Oliven

gettyimages: Klappe vorne innen: Sonnenschirm, Chris Harvey/gettyimages; Regenschirm, J. P. Fruchet/gettyimages; Umschlag Innenseite: oben links, Rene Frederick/gettyimages; oben rechts, Deborah Jaffe/gettyimages; Mitte links, BENELUX PRESS/gettyimages; Mitte rechts, KEN REID/gettyimages; unten links, Photodisc Collection/gettyimages; unten rechts, JERRY DRIENDL/gettyimages

Peter von Felbert: People-/Action-Fotos; S. 2, 3, 4/5, 6, 7, 8, 9, 10, 11, 12, 13, 18, 19, 20/21, 26, 29, 30, 32, 33, 35, 36, 39, 42, 45, 48, 51, 52, 55, 56, 59, 62, 64, 67, 70, 72, 75, 78, 81, 84, 87, 88, 92, 95, 98, 101, 104, 107, 110, 113, 116, 119, 122, 128; Umschlagrückseite oben u. unten links

ISBN 978-3-7742-5798-6

7. Auflage 2008

Ein herzliches Dankeschön...

geht an die Firmen **Einzinger & Co. GmbH** (www.einzinger.de), die mit Papagei, Flamingo und Blumengirlanden Südsee-Feeling mitten in München aufkommen ließ und an **Nastrovje Potsdam GmbH & Co. KG.** (www.napo-shop.de), dank deren Outfits unsere Models auf den Partys einen klasse Auftritt hatten.

Außerdem bedanken wir uns bei diesen Münchner Locations: dem **Corretto,** das uns die tolle Bar anvertraute, in der wir nicht nur Bier zapften..., dem **Sushi + Soul,** das uns mit hauseigenen Cocktailkreationen verwöhnte und die Models schnell in Stimmung brachte..., und **The Big Easy,** wo uns der Barkeeper fürs Foto jeden Cocktailwunsch erfüllte...

Ein besonderes Dankeschön...

an die Firmen **Diageo Deutschland GmbH** und **Rotkäppchen-Mumm Sektkellereien GmbH** sowie **CAMPARI DEUTSCHLAND GMBH** für großzügige Lieferungen von Sekt und Spirituosen und an die Firma **Le Creuset GmbH,** die uns alles, was man zum Mixen braucht, vom Shaker bis zur Zitronenpresse aus ihrem Sortiment **Screwpull®** zur Verfügung stellte.

DAS ORIGINAL GU MIT GARANTIE

Unsere Garantie

Alle Informationen in diesem Ratgeber sind sorgfältig und gewissenhaft geprüft. Sollte dennoch einmal ein Fehler enthalten sein, schicken Sie uns das Buch mit dem entsprechenden Hinweis an unseren Leserservice zurück. Wir tauschen Ihnen den GU-Ratgeber gegen einen anderen zum gleichen oder ähnlichen Thema um.

Liebe Leserin und lieber Leser,

wir freuen uns, dass Sie sich für ein GU-Buch entschieden haben. Mit Ihrem Kauf setzen Sie auf die Qualität, Kompetenz und Aktualität unserer Ratgeber. Dafür sagen wir Danke! Wir wollen als führender Ratgeberverlag noch besser werden. Daher ist uns Ihre Meinung wichtig. Bitte senden Sie uns Ihre Anregungen, Ihre Kritik oder Ihr Lob zu unseren Büchern. Haben Sie Fragen oder benötigen Sie weiteren Rat zum Thema? Wir freuen uns auf Ihre Nachricht!

Wir sind für Sie da!
Montag–Donnerstag: 8.00–18.00 Uhr;
Freitag: 8.00–16.00 Uhr
Tel.: 0180–5005054*
Fax: 0180–5012054*
E-Mail: leserservice@graefe-und-unzer.de

*(0,14 €/Min. aus dem dt. Festnetz/ Mobilfunkpreise können abweichen)

PS: Wollen Sie noch mehr Aktuelles von GU wissen, dann abonnieren Sie doch unseren kostenlosen GU-Online-Newsletter und/oder unsere kostenlosen Kundenmagazine.

GRÄFE UND UNZER VERLAG
Leserservice
Postfach 86 03 13
81630 München

GRÄFE UND UNZER

Ein Unternehmen der
GANSKE VERLAGSGRUPPE